« QU'ILS VIENNENT ME CHERCHER »

Citations présidentielles à l'usage des Gaulois réfractaires

Joseph Confavreux et Laura Raim

« QU'ILS VIENNENT ME CHERCHER »

Citations présidentielles à l'usage des Gaulois réfractaires

Dessins de Thibaut Soulcié

SEUIL

ISBN 978-2-02-146408-5

www.seuil.com

Carabistouille
poudre de perlimpinpin
galimatias
croquignolesque
ipséité
Soulcié

Préface

Un quinquennat dure 1 826 jours et Emmanuel Macron a décidé de rejouer les 1 001 nuits. Celui qui reconnaît dans un sourire qu'il peut « tout à fait être Shéhérazade » mise en effet avant tout sur son verbe pour s'accorder encore plusieurs nuitées à l'Élysée.

Si l'actuel locataire de l'Élysée s'est positionné contre la « présidence bavarde » de son prédécesseur, adepte des anecdotes, des petites phrases et des confidences journalistiques, ce contre-pied ne signifie donc pas une présidence muette. Tout au contraire.

Macron se voit assurément comme un « maître des mots », dixit *Le Figaro*. À la fin du discours qu'il a tenu à Ouagadougou le 28 novembre 2017, il a dit à son auditoire : « Je suis fier que la langue dans laquelle je suis né, à laquelle je dois tout, la langue dans laquelle on m'a fait grandir, par laquelle je peux convaincre, la langue par laquelle quelqu'un comme moi qui vient d'une famille de province peut devenir président de la République française parce qu'il apporte des arguments et des émotions à d'autres qui à un moment le suivent, ce soit aussi votre langue. » Une façon de ne pas figer la langue française dans des frontières hexagonales, mais aussi d'avouer que c'est par le langage qu'il est devenu président de la République. Et qu'il entend le rester.

L'actuel président a fait en effet de la parole et de la rhétorique plus que le véhicule d'expression d'une politique : un véritable instrument de gouvernement. Surgit, avec les Gilets jaunes, un mouvement social d'ampleur et de nature inédites dans la France d'après-guerre, il répond en organisant un tout aussi inédit « Grand Débat ». Débute une crise sanitaire qui met le pays quasiment à l'arrêt et confine les deux tiers de la population, il enchaîne les discours solennels, davantage suivis que la finale de la Coupe du monde 1998. Survient une forte mobilisation contre les violences policières, il relève le défi d'une interview de plus de 2 h 30 dans le jeune média en ligne Brut, connu pour sa couverture des mouvements sociaux, face à Rémy Buisine, lui-même violenté par les forces de l'ordre quelques jours plus tôt. Il s'agit certes, dans le premier cas, plus de monologue que de dialogue et d'une redistribution de la parole sans redistribution du pouvoir, comme l'analyse le politiste Laurent Jeanpierre[1]. Il s'agit certes, dans le second, de promettre, devant un public captif, de se « réinventer » sans jamais envisager de toucher aux fondamentaux de sa politique. Il s'agit certes, dans le troisième, d'accepter l'usage de termes qu'il se refusait à employer, mais en réduisant la portée de ses concessions et en infantilisant la position de son adversaire du jour (« Il y a des violences policières si ça vous fait plaisir que je le dise, on ne va pas jouer à "ni oui ni non" ») Mais, quoi qu'il en soit, Emmanuel Macron pense pouvoir tout affronter et tout régler par la puissance de son discours.

D'abord, parce qu'il se met en scène en « président de la parole », tenant la dragée haute à Donald Trump ou réprimandant un adolescent insolent, et capable de répondre, pendant le « Grand Débat », aussi bien à une assemblée de paysans et d'ouvriers qu'à un panel d'intellectuels, dans une retransmission diffusée en direct sur France Culture durant huit heures d'affilée.

Mais surtout, parce que, comme il le répète sans cesse depuis le début de son quinquennat, il prétend dire ce qu'il fait et faire ce qu'il dit. Ce mantra dessine une présidence performative où toute l'attention doit se porter sur les mots du président.

Langue de bois et parler cash

De cette importance du langage comme instrument politique découle l'affirmation que lui nomme véritablement les choses. Dans sa bouche reviennent ainsi sans arrêt ces opérateurs linguistiques : « pardon de vous le dire », « que ça vous plaise ou non », « je veux ici être très clair »...

Et lorsque, quelques mois après avoir été élu et s'être imposé une période sans prise de parole publique, il défend l'utilisation du mot « bordel » face à des salariés en colère de GM & S, il le fait en ces termes : « Je n'ai pas cherché à humilier. Je continuerai à dire les choses. J'assume totalement ce qui a été dit. » Et insiste : « J'ai toujours essayé de dire les choses et de m'approcher d'une forme de vérité. Donc, je nomme. Nos élites politiques se sont habituées à ne plus dire les choses. » Un prétendu franc-parler mis en scène à intervalles réguliers, y compris pour une diffusion via les réseaux sociaux, comme l'a rappelé l'épisode de la vidéo où il affirmait qu'on « met un pognon de dingue dans les minimas sociaux ».

En réalité, ces séquences de « parler-vrai » sont davantage l'exception que la règle. Les expressions bravaches, telles que « je vous le dis clairement », sont le plus souvent suivies des sempiternels éléments de langage que nous servent les gouvernements depuis trente ans sur la « nécessité » de « réduire le coût du travail », de « réduire la pression fiscale qui pèse sur notre économie » et « libérer les freins de la croissance des entreprises ». Car c'est bien connu, « si l'on veut partager le gâteau, la première condition est qu'il y ait un gâteau ». D'où le souci de choyer « ceux qui risquent, qui osent, qui entreprennent ». Le tout enrobé dans d'interminables platitudes quant à l'impératif très général d'« être justes » et d'« être solidaires », en recourant à une langue de bois destinée à noyer le poisson néolibéral dans une bouillie tiède brassant des valeurs consensuelles comme « la démocratie », « l'efficacité », « l'unité », « l'humanité », « l'universel », « la liberté » et « la république ». Qui, en effet, s'opposerait au « rééquilibrage des territoires », à ce que le pays « se dote d'un budget sincère, efficace et ambitieux » et à ce que « l'école retrouve sa place et la transmission sa dignité » ?

Curieusement celui qui prétend avoir « le courage de la vérité » ne cesse de fuir devant certains mots jugés trop tranchants : il ne faut pas dire que StopCovid « est un échec » mais que « ça n'a pas marché » ; « Je n'aime pas ce terme de décrocheurs » ; « Il ne faut pas dire que [le chlordécone] est cancérigène » ; « Je n'adore pas ce terme de pénibilité »... Ces refus visent le plus souvent à euphémiser la violence sociale et à nier les réalités qui le dérangent (« Ne parlez pas de répression, de violences policières, ces mots sont inacceptables dans un État de droit »). Mais ils lui permettent parfois aussi de faire passer des offensives très concrètes contre l'État social pour de simples préférences sémantiques. Lorsqu'il confie « je n'aime pas ce terme de modèle social[2] », personne n'est dupe : ce n'est pas le terme qui ne lui plaît pas, c'est la réalité qu'il désigne.

Ces rappels à l'ordre racontent en tout cas l'attention portée à la langue par un homme qui se rêvait écrivain, a épousé sa professeure de lettres et fait des études littéraires poussées avant de devenir énarque.

Balzac et Booba

Emmanuel Macron est sans doute le président de la Ve République qui, avec François Mitterrand, et Georges Pompidou dans une moindre mesure, porte le plus d'attention au choix des mots, mais contrairement à ses prédécesseurs, il parle plusieurs langues : celle de Balzac, celle de Booba, celle du business...

Une glossolalie qui peut verser dans la logorrhée et le solipsisme, pour parler comme lui. Une tchatche pas loin du nawak et du mode *selfie*, pour parler toujours comme lui. Une agilité proche du *bullshit* et du *show off*, pour parler encore comme lui.

Emmanuel Macron ne cesse en effet de creuser ces trois sillons linguistiques : le vocabulaire soutenu, fait de locutions latines, de mots rares, d'érudition khâgneuse et d'expressions désuètes ; le lexique familier, jeune, voire argotique ; et le sabir venu du monde anglo-saxon et de l'entreprise. Ces trois langues principales ont toutes pour but de casser une image de technocrate, d'énarque et de politicien classique, afin de se présenter comme un personnage hors système, alors qu'il est un pur produit de l'élitisme républicain. Comme un adepte de la « pensée complexe » et de l'enracinement, quand il est plus proche d'être un *raider* adepte des LBO, considérant que la « pénibilité » concerne d'abord les entreprises et non les salariés.

Cette recherche de profondeur, voire de tradition, passe par un goût prononcé pour la citation des grands auteurs : Jankélévitch, Platon, Kant, Hegel, Machiavel, mais aussi Mauriac, Stendhal, Giono, Gide, Hugo, Giraudoux, Flaubert, Quignard... Les références philosophiques et littéraires utilisées par Emmanuel Macron aux détours de ses entretiens ou de son livre *Révolution*[3] sont aussi nombreuses que variées.

Et rares sont en effet les membres du personnel politique capables de dire quelques vers des *Feuillets d'Hypnos* de René Char devant 6000 personnes lors d'un meeting, comme il le fit à Lyon pendant la campagne, ou de discuter de la notion de temporalité « dans la pensée de Heidegger, où l'accent est mis sur le futur au travers de l'être-pour-la-mort et du statut donné au Souci[4] ».

Mais parce qu'un candidat, puis un président, ne saurait donner une image trop élitiste, à la façon dont François Mitterrand a pu le faire, Emmanuel Macron s'emploie à parsemer ses propos d'expressions courantes, voire graveleuses, à la manière d'un Jacques Chirac. Lorsqu'un jeune l'interpelle sur son inaction en matière d'écologie, il lui dit : « Vous m'avez fait un énorme tacle par-derrière en disant que je ne fais que des hashtags (…). Je vais quand même défendre ma cause et mon bout de gras. » Quand un président d'exécutif local demande une contribution financière accrue de l'État, il répond : « Quand on est cocu, on ne paie pas la chambre[5]. »

Sa manière de convoquer la « grammaire des affaires » – une expression qu'il affectionne particulièrement – et des anglicismes propres à la « pensée McKinsey » pour décrire son action (*disruption, helpers, bottom-up*) relève, elle aussi, d'une volonté de se démarquer du vieux monde politique qui connaît souvent mal la langue de Shakespeare, et encore moins celle de la *City*.

Ce langage pro-business et techno-béat, valorisant « l'hyper-innovation » et « l'agilité », selon la doctrine du « consensus de la Silicon Valley », vise avant tout à reprendre les vieilles recettes du consensus de Washington de 1989, fait de baisses d'impôts sur le capital et d'allègement des « charges » sociales pour les entreprises. Mais il modèle aussi la pratique du pouvoir d'Emmanuel Macron, transformant, ainsi qu'il l'avait fait pour le château de Versailles, devenu pôle d'attraction pour CEO dans le cadre de l'opération *« Choose France »*, le palais de l'Élysée en bureau de PDG de la « start up nation », comme lorsque Macron explique à CNN : « Mon pays doit être réformé. J'ai un taux de chômage de 10 %. J'ai presque 25 % de mes jeunes au chômage. »

Caméléon et triangulation

Cette indéniable habileté d'Emmanuel Macron à manier différentes langues est le propre d'une pensée *patchwork*, fruit de sa formation à la fois classique et moderne et de son passage par l'ENA et la banque d'affaires. Il aime butiner et le revendique depuis longtemps. En 2000, dans un numéro du *Magazine littéraire* consacré à son mentor, le penseur Paul Ricœur, il disait déjà : « Philosopher signifie alors peut-être savoir s'aventurer dans tous les paysages de la philosophie (que certains voudraient séparer par des gouffres), mais aussi se risquer dans d'autres contrées, étrangères, qui ne sont pas la philosophie et peuvent lui résister. » Ce choix de puiser à diverses sources ne relève toutefois pas d'un plaisir de glaner. Le fait de parler plusieurs langues constitue plutôt un redoutable outil, central dans la façon qu'a Macron de faire de la politique.

Cette capacité à naviguer d'une langue à l'autre lui permet, en premier lieu, de se faire caméléon et de s'adapter à son auditoire, employant aussi bien une syntaxe simple et une langue terre à terre qu'un style suranné et ampoulé, autant la langue épique du pouvoir jupitérien que celle du management. Macron à l'Élysée ressemble, sur ce plan, au Macron de chez

Rothschild, qui, en 2015 au *Wall Street Journal*, expliquait son succès fulgurant dans la banque d'affaires, en ces termes: « Vous êtes une sorte de prostitué. La séduction, c'est votre métier. »

Sur France Culture, Emmanuel Macron déclare ainsi que le capitalisme contemporain « est en train d'écraser toute forme de valeur sur la valeur monétaire. Et ça devient un capitalisme de puissants qu'on n'arrive plus à réguler ». Mais, dans *Les Échos*, cela donne: « Il faut des jeunes qui aient envie de devenir milliardaires. » Devant l'Organisation internationale du travail, il explique que « quelque chose ne fonctionne plus dans ce capitalisme qui profite de plus en plus à quelques-uns ». Sur TF1, cela devient: « Si on commence à jeter des cailloux sur les premiers de cordée, c'est toute la cordée qui dégringole. »

Au-delà de cet usage classique de la rhétorique, cette capacité de mobiliser différents registres de compréhension du monde souvent étanches, d'allier des façons de raisonner et de parler parfois contradictoires, lui a permis de passer maître dans l'art de la triangulation: une nécessité pour un homme sans parti ni doctrine.

Cette technique, consistant à faire siens les références et les mots de ses concurrents, est devenue sa marque de fabrique depuis sa campagne présidentielle. Il affirme ainsi que « Jean Jaurès était un homme qui aimait la liberté beaucoup plus que ceux qui le citent à loisir aujourd'hui. C'était à ce titre un défenseur de l'entrepreneur ». Une fois qu'éclate l'affaire Fillon, il chasse les voix sur sa droite en dégainant la « tolérance zéro » en matière sécuritaire (un concept forgé par le faucon Rudy Giuliani, ex-maire de New York et soutien de Donald Trump) ou en rejetant le « multiculturalisme ».

Entre les deux tours, il dépeint le Front national comme l'« anti-France », emprunt étrange à la rhétorique de l'extrême droite, et en appelle aux « sans-grades », comme Jean-Marie Le Pen en 2002, tout en revendiquant à chaque instant son « patriotisme » contre le « nationalisme », au moment même où Marine Le Pen cherche à opposer le camp des « patriotes » et celui des « mondialistes ».

Depuis, il poursuit cette opération à la fois langagière et politique, s'appropriant les « Jours heureux » – le titre initial du programme du Conseil national de la Résistance – ou reprenant à son compte un vocabulaire cher à la droite pour impulser un projet de loi contre le « séparatisme ». Le principe est double : continuer d'approvisionner son arsenal politique en dévalisant les rayons de ses adversaires potentiels, et désamorcer les armes de ses opposants, comme lorsqu'il dit espérer « retrouver dès que possible les 1er Mai joyeux, chamailleurs parfois, qui font notre Nation ».

Toutefois, réduire l'usage du langage par Emmanuel Macron à la construction (ou la déconstruction) d'une image, à un outil rhétorique, voire à une stratégie politicienne, manquerait la manière dont la langue est pour lui le vecteur essentiel de la production d'une idéologie. Celle-ci pourrait se décrire comme un « libéralisme autoritaire », dont Macron est sans doute l'incarnation chimiquement pure. Ce style politique, qui domine aujourd'hui les démocraties occidentales, se traduit par le raidissement d'un ordre économique qui ne peut se perpétuer qu'en faisant appel à la force brute, tant il est rejeté par le corps social, mais qui continue d'afficher les atours de la démocratie, du dialogue et du libéralisme.

Dialogue et LBD

Ce syntagme de « libéralisme autoritaire » ressemble à première vue à un oxymore, le libéralisme aimant à s'afficher comme un rempart démocratique et « bienveillant » aux totalitarismes, un pouvoir de type pastoral : celui du berger qui « veille bien » sur son troupeau. Oxymore qui pourrait d'ailleurs plaire à Emmanuel Macron, adepte du « en même temps[6] » permettant de faire tenir ensemble, par le langage, ce qui demeure incompatible dans la réalité : « humanisme et fermeté » ; « gauche et droite » ; « croissance et transition environnementale et climatique »...

Il faut pourtant aussi l'envisager aujourd'hui comme un pléonasme, ainsi que l'a montré le philosophe Grégoire Chamayou, qui en a fait la généalogie en soulignant que cela « ne signifie pas que les deux, libéralisme économique et doctrine de l'État total autoritaire, soient identiques, ni que l'écart qui sépare leur vision du monde soit factice ou négligeable. Que la transcroissance de l'État libéral en État total autoritaire soit possible, et que, sans être nécessaire, ce phénomène ne soit pas accidentel, ne permet pas d'en conclure que le libéralisme serait par essence un crypto-fascisme, ni que le fascisme serait la simple continuation de l'économie libérale par d'autres moyens idéologiques[7] ».

De fait, dans un contexte où la main gauche et sociale de l'État se retire, le « nouveau libéralisme » dont Emmanuel Macron est l'héritier se manifeste par un recours accru à la main droite et policière du pouvoir. Mais aussi répressive que soit sa réponse aux mouvements sociaux, Macron continue de promettre « la révolution démocratique » et de se présenter comme l'homme qui jamais ne rompra l'échange. Comme l'a indiqué Grégoire Chamayou, la contre-offensive du néolibéralisme face aux mouvements de contestation des années 1970 est déjà passée par cette arme troublante : le dialogue. Le chercheur parle même de « la production de la dialogie dominante » comme une façon de contourner le rejet de l'idéologie dominante, sachant qu'il n'y avait « en dialoguant, aucune volonté de négocier ». Il s'agit plutôt, écrit-il, de « faire passer une ligne de démarcation entre ceux qui sont prêts à dialoguer et les autres ». Alors, la répression « pourra d'autant plus aisément s'abattre sur ceux qu'on aura ainsi présentés comme étant hors du logos », c'est-à-dire comme appartenant au monde des barbares, littéralement ceux qui parlent par borborygmes.

Emmanuel Macron est le strict continuateur de cette injonction au débat pseudo-démocratique comme manière de clore la discussion de fond. « Je crois qu'aujourd'hui la place doit être au débat, à la réponse démocratique, et elle sera ensuite dans les urnes. Mais nous ne pouvons pas être dans une démocratie de l'émeute », déclarait-il ainsi à des élus après le soulèvement des Gilets jaunes, quelques semaines avant que son gouvernement ne dégaine le 49-3 pour faire adopter le projet de réforme des retraites.

Comme il ne saurait jamais être question de dévier du « cap » des « transformations nécessaires » ni de « céder » à « l'immobilisme », aux « démagogues » ou à « l'émotion », il ne reste plus au pouvoir qu'un seul mode de discours, celui de la pédagogie. D'où cette insistance à psychologiser les critiques qui lui sont adressées, infantilisant ses opposants, forcément mus par des « passions tristes » ou des « angoisses » irrationnelles. À ceux-là, Macron ne se lassera jamais d'« expliquer » pourquoi « il n'y a pas d'autre choix que d'agir pour réformer ». Car que préférons nous ? Nous engager triomphalement dans la voie du progrès et « prendre le tournant de la 5G » ou revenir « à la lampe à huile » et au « modèle amish » ? Encourager les jeunes à travailler pour « Uber et les VTC » ou « les renvoyer vendre de la drogue à Stains » ? Soyons sérieux, *there is no alternative*.

Pendant que Macron déploie les LBD contre ceux qui trouvent à redire à ses « projets », il revient au raffinement intellectuel exhibé par son verbe d'apporter la caution « libérale » du libéralisme autoritaire. Ce qui suppose aussi de se démarquer de l'autoritarisme sans libéralisme et de se défier à longueur de propos de ces « régimes politiques tentés par l'illibéralisme ».

Dans son discours du 13 avril 2020, alors que la France confinée était suspendue à ses lèvres pour savoir quand elle aurait le droit de remettre le nez dehors, Emmanuel Macron a promis d'être le premier à se « réinventer » et a solennellement juré que le jour d'après ne serait pas un retour au jour d'avant. Quelques mois après, il est flagrant que cet engagement est similaire à la fameuse sentence du *Guépard :* « Il faut que tout change pour que rien ne change. » Une alchimie qui ne peut être que du verbe.

1.

« Il faut être disponible à sa destinée. »

Magnifier la carrière d'un technocrate roué, sorti des grandes écoles, par une épopée littéraro-mythologique mêlant l'histoire de la nation et l'odyssée d'un héros. Fusionner les deux si besoin.

« J'avoue un faible pour les héros romantiques que la vie expose à l'inconnu, au danger, aux grands espaces. »

Le 1, 8 juillet 2015.

« I've always put myself in the hands of fate. You have to be available for your destiny[8]. »

Financial Times, 16 avril 2020.

« J'étais porté par l'ambition dévorante des jeunes loups de Balzac. »

Révolution, 2016.

« Contrairement à ce qu'affirme une critique post-moderne facile des "grands récits", nous attendons du politique qu'il énonce de "grandes histoires". »

« Les labyrinthes du politique »,
Esprit, mars-avril 2011[9].

« Paul Valéry le disait justement : "Tout État social exige des fictions." Notre société a besoin de récits collectifs, de rêves, d'héroïsme, afin que certains ne trouvent pas l'absolu dans le fanatisme ou la pulsion de mort. »

Le Point, 31 août 2017.

« J'ai voulu depuis tôt avoir un destin avec mon pays. »

France 2, 6 avril 2017.

« J'aime beaucoup Fabrice del Dongo, qui se jette sur les routes avec une crâne inconscience. »

Le 1, 8 juillet 2015.

« Bien sûr, on ne se réveille pas un matin avec cette révélation. Cette décision de se présenter aux plus hautes charges de la République est le fruit d'une conviction intime et profonde, d'un sens de l'Histoire. »

Révolution, 2016.

« Si on ne croit pas en sa bonne étoile, en son pays, en son action, on n'a pas le quotidien que j'ai aujourd'hui. »

Devant l'Association de la presse présidentielle (APP), 13 février 2018.

« Je voulais un monde, une aventure qui me soient propres. D'aussi loin qu'il me souvienne, j'ai toujours eu cette volonté-là : choisir ma vie. »

Révolution, 2016.

« Une vague monte. Cette vague, ce n'est pas une bulle. C'est une vague qui monte depuis le premier jour. »

Discours à Clermont-Ferrand, 7 janvier 2017.

« Rien n'est plus précieux que la libre disposition de soi-même, la poursuite du trajet que l'on se fixe, la réalisation de son talent, quel qu'il soit. »

Révolution, 2016.

« Depuis trop longtemps, nous nous sommes résignés à une vie démocratique sans sel. Nous sommes en train de payer le prix de cette bêtise collective qui consiste à croire en la fin de l'Histoire, alors qu'elle nous revient au contraire en plein visage. Pour l'affronter, nous devons renouer avec l'héroïsme politique propre au monde républicain, retrouver le sens du récit historique. Notre pays ne propose en effet plus de héros. »

Le Point, 31 août 2017.

« J'aime, je l'avoue, que Jeanne [d'Arc] soit une femme, et une femme en devenir, qui n'avait rien fait avant de se jeter dans l'incroyable aventure. (…) Elle sait qu'elle n'est pas née pour vivre, mais pour tenter l'impossible. Comme une flèche, sa trajectoire fut nette. Jeanne fend le système. (…) Elle était un rêve fou, elle s'impose comme une évidence. »

Discours à Orléans, 8 mai 2016.

« Nos concitoyens ont besoin de modèles, de héros, et de héros du quotidien parce que notre nation a besoin de cet imaginaire glorieux (…), ces modèles qu'on construit qui donnent à rêver, et qui tirent quelques autres. »

Vœux à l'Élysée, 30 janvier 2018.

« L'Europe ne sera plus protégée comme elle l'a été depuis la fin de la Seconde Guerre mondiale. Ce vieux continent de petits bourgeois se sentant à l'abri dans le confort matériel entre dans une nouvelle aventure où le tragique s'invite. (…) Et dans cette aventure, nous pouvons renouer avec un souffle plus profond, dont la littérature ne saurait être absente. »

« L'histoire redevient tragique. Une rencontre avec Emmanuel Macron », *NRF*, 3 mai 2018.

« L'espérance, c'est le premier risque, c'est le risque des risques[10]. »

TF1, 30 août 2016.

« Nous sommes un pays de conquête. Il ne faut plus céder un pouce à tous les esprits chagrins. Je crois au contraire en la reconstruction d'un héroïsme politique, d'une vraie ambition, pour atteindre y compris ce qui est décrit comme impossible. Si ce qui est décrété impossible n'était pas possible, je ne serais pas devant vous aujourd'hui. »

Le Point, 31 août 2017.

« Je n'ai jamais eu le sentiment que je faisais une carrière. Et depuis que je suis rentré dans le champ politique, je vis ça comme une mission. »

Ainsi soit Macron[11],
documentaire diffusé sur France 3, le 8 mai 2017.

« Nous vivons, mes amis, un moment singulier de notre Histoire. Un de ces moments rares où le destin hésite. »

Discours à Lyon, 4 février 2017.

« L'histoire est redevenue tragique, pas simplement à l'autre bout du monde, à nos portes, chez nous. »

Discours de la Mutualité, 12 juillet 2016.

NE FAITES PAS ATTENTION !!! CE SONT MES HISTORIENS PERSONNELS.
QUEL GRAND HOMME !
Soulcié

« Être candidat à la présidence, c'est avoir un regard et un style. Aussi vrai qu'un écrivain a un regard et un style. (…) La fonction présidentielle réclame de l'esthétique et de la transcendance. »

L'Obs, 14 février 2017.

« Nous devons être prêts de nouveau à écrire l'Histoire. »

Der Spiegel. 13 octobre 2017.

« Il y a peu de lieux comme le Vatican où on pense le monde et où tout le monde est convoqué. Mais il y a peu de pays comme la France où on prétend penser le monde entier, et où le monde entier est aussi convoqué. »

Discours devant la communauté ecclésiale française de Rome, 26 juin 2018.

« Je ne fais pas les unes de la presse people ; la presse people fait des unes sur moi. »

France Inter, 4 septembre 2016.

« Il y a une [dimension de spiritualité]. Et en tout cas la conviction qu'il existe une transcendance, oui. Quelque chose qui dépasse. Qui vous dépasse. Qui vous a précédé, et qui restera. »

Ainsi soit Macron,
documentaire diffusé sur France 3, le 8 mai 2017.

« J'assume cette part de transcendance qui fait qu'en France le processus démocratique n'est jamais tout à fait parvenu à son terme. »

Le Point, 31 août 2017.

« La dimension christique, je ne la renie pas, je ne la revendique pas. »

JDD, 12 février 2017.

« Je ne me prends pas pour un roi. (...) Mais la fonction de président n'est pas une fonction normale, on doit l'intégrer quand on l'occupe. (...) Pour moi, la fonction n'est d'abord ni politique ni technique, elle est symbolique. »

Der Spiegel, 13 octobre 2017.

« Je vous le dis ce soir avec force : nous sommes ce peuple de bâtisseurs. (…) Nous rebâtirons la cathédrale plus belle encore et je veux que ce soit achevé d'ici cinq années. »

Sur le parvis de Notre-Dame en feu,
15 avril 2019.

« Je me souviens de ce jour de printemps qui a vu la flèche de Notre-Dame brûler avant de s'effondrer. À la vague d'émotion a immédiatement succédé une vague d'enthousiasme pour reconstruire rapidement ce joyau national pour les mille ans à venir. Parce que chacun a vu en Notre-Dame l'empreinte de l'esprit français, quelque chose qui nous dépasse. »

Vœux du 31 décembre 2019.

« Je ne suis pas fait pour diriger par temps calme. Mon prédécesseur l'était, mais moi je suis fait pour les tempêtes. »

The Guardian, 20 octobre 2017.

« Il faut accepter les caprices de la montagne. (…) Si on n'aime les choses que par beau temps, on ne les aime pas vraiment. »

Lors d'un déplacement dans le Puy-de-Dôme,
26 janvier 2018.

« On rentre dans une période où on doit en quelque sorte enfourcher le tigre, et donc le domestiquer. (…) Le seul moyen qu'il ne nous dévore pas, c'est de l'enfourcher. »

Discours au monde de la culture,
6 mai 2020.

« Ce qui nous est demandé par le peuple, c'est de renouer avec l'esprit de conquête qui l'a fait, pour, enfin, le réconcilier avec lui-même. »

Discours devant le Parlement réuni en Congrès,
Versailles, 3 juillet 2017.

« Je compte sur vous toutes et tous pour faire Nation au fond. Pour réveiller ce qu'il y a de meilleur en nous, pour révéler cette âme généreuse qui, par le passé, a permis à la France d'affronter les plus dures épreuves. »

Adresse aux Français,
12 mars 2020.

« Nous sommes un peuple de bâtisseurs, conscient de sa vocation universelle. Un peuple de temps long qui, parce qu'il sait d'où il vient, sait se projeter. Un peuple qui toujours sait se hisser à la hauteur des circonstances. Ce sens de l'Histoire, cette unité maintes fois éprouvée, seront nos plus solides atouts pour affronter les temps qui viennent. Quand l'Histoire s'accélère, l'esprit français ne cède rien à la fatalité. »

Vœux du 31 décembre 2019.

« Tout le monde nous disait que c'était impossible. Mais ils ne connaissaient pas la France ! »

Discours du 7 mai 2017,
Carrousel du Louvre.

« Les Français sont malheureux quand la politique se réduit au technique, voire devient politicarde. Ils aiment qu'il y ait une histoire. J'en suis la preuve vivante ! »

« L'histoire redevient tragique.
Une rencontre avec Emmanuel Macron »,
NRF, 3 mai 2018.

« Je suis très à l'aise, je suis une puissance souveraine sur le plan militaire[12]. »

Aux côtés du secrétaire général de l'OTAN,
19 décembre 2017.

« Quelque part, vous me parlez comme si j'étais une puissance coloniale. »

Lors d'un déplacement à Ouagadougou,
28 novembre 2017.

« Les Français sont, et je le dis avec une lucidité inquiète, des monarchistes régicides. Ils aiment choisir un roi pour rapidement s'en séparer. »

Paris Match, 5 mai 2017.

Soulcié

2.

« J'ai la tête d'un moule ? Vous trouvez ? »

Se présenter comme l'outsider, le rebelle, l'anticonformiste, le disrupteur, le novateur. Éviter de s'attarder sur le passage par la Providence à Amiens, Sciences-Po, l'ENA ou la banque d'affaires.

« Je suis un métèque de la vie politique. »

Le Figaro, 29 avril 2017.

« J'ai le droit de demander à ne pas être assigné à résidence. Je ne suis pas né dans l'oligarchie financière ou la banque d'affaires ! »

Conférence de presse, 2 mars 2017.

« Je suis un provincial. Je suis monté à Paris quand j'avais seize ans. »

Salon de l'agriculture, 24 février 2018.

« Être élu est un cursus d'un ancien temps. »

Lors d'un forum organisé par *Le Monde,*
27 septembre 2015.

« Je n'appartiens pas à un monde de prébendes. Je me suis levé contre celui-ci. Si je suis là, c'est que je crois que l'on peut s'affranchir du monde des arrangements entre amis. Je n'ai pas de monnaie à rendre. »

Le Point, 31 août 2017.

« Mais moi, je n'ai jamais fait de politique si je puis dire. »

Réponse à un élève lors d'une déclaration sur la politique agricole, Verneuil-sur-Vienne, 9 juin 2017.

« Ma volonté de transgression est d'autant plus forte que j'ai vu le système de l'intérieur. »

Challenges, 16 octobre 2016.

« Toute politique de caste doit disparaître. »

Twitter, 4 décembre 2014.

QUELLE IDÉE, AUSSI, DE DONNER UN COUP DE PIED DANS LA FOURMILLIÈRE !

« Je ne me suis pas construit dans le regard des autres ou le respect de la norme. »

Paris Match, 5 mai 2017.

« J'ai la tête d'un moule ? Vous trouvez ? Je vous donne le sentiment d'être fait dans un moule ? Ben, l'ENA, ce n'est pas un moule, c'est un moule pour qui veut le devenir. »

Lors d'une visite sur un marché de Clermont-Ferrand, 7 janvier 2017.

« J'ai décidé de ne payer aucun tribut à un système politique qui ne m'a jamais véritablement reconnu pour l'un des siens. Si j'ai décidé de défier les règles de la vie politique, c'est que je ne les ai jamais acceptées. »

Révolution, 2016.

« Ce monde est ancien. Il est usé. Il est fatigué. Il faut en changer. »

Discours de la Mutualité, 12 juillet 2016.

« Il y a les remugles de l'ancien monde, ça rend les choses difficiles. »

Mediapart, 5 mai 2017.

« Le peuple français a montré son impatience à l'égard d'un monde politique trop souvent fait de querelles et d'ambitions creuses où nous avions vécu jusqu'alors. »

Discours devant le Parlement réuni en Congrès, Versailles, 3 juillet 2017.

« La politique n'est pas, et ne doit jamais être, une profession réglementée. »

Lors d'un forum organisé par *Le Monde,* 27 septembre 2015.

« S'il faut en finir avec la République inefficace, il faut en finir aussi bien avec la République du souffle court, des petits calculs, de la routine. »

Discours devant le Parlement réuni en Congrès,
Versailles, 3 juillet 2017.

« Je n'ai jamais essayé de trouver les solutions parmi les certitudes des autres. Voilà la leçon que je tire de mon parcours. *Just do it.* (…) Soyez vous-mêmes ! Ne respectez jamais les règles. »

À des étudiants
lors d'un déplacement en Inde,
10 mars 2018.

« Du point de vue du système politique traditionnel, je suis une aberration. Si la politique se résumait à cette sorte de chimie qui fait son œuvre comme si de rien n'était, je ne serais pas là. En réalité, je ne suis que l'émanation du goût du peuple français pour le romanesque : cela ne se résume pas en formules, mais c'est bien cela le cœur de l'aventure politique. »

« L'histoire redevient tragique.
Une rencontre avec Emmanuel Macron »,
NRF, 3 mai 2018.

CAFÉ DU
COMMERCE
Soulcié

3.

« Appeler un chat un chat. »

S'enorgueillir d'avoir le « courage » de « nommer le réel » et de dire la « vérité », celle qui fâche. Le plus souvent au sujet des aides sociales trop élevées, de la paresse des chômeurs, ou des écologistes amish.

« J'ai un principe depuis le début. Je dis toujours la même chose à tout le monde. Ça m'a parfois valu beaucoup d'ennuis, mais à la fin c'est plus simple. »

Discours à Nevers, 6 janvier 2017.

« Je traverse la rue, je vous en trouve [un travail] ! »

Lors d'un échange avec un jeune horticulteur en recherche d'emploi venu visiter l'Élysée à l'occasion des Journées européennes du patrimoine, 15 septembre 2018.

« Dans mes dossiers, il y a la société Gad : il y a dans cet abattoir une majorité de femmes, qui sont pour beaucoup illettrées ! »

Europe 1,
17 septembre 2014.

« On met un pognon de dingue dans les minimas sociaux. (…) Je vais faire un constat, qui est de dire : on met trop de pognon, on déresponsabilise et on est dans le curatif. »

Vidéo mise en ligne par l'Élysée,
13 juin 2018.

« Notre règle, c'est de toujours dire la vérité. On ne va pas cacher les choses. Et je vous le dis, toutes celles et ceux qui aujourd'hui font des promesses formidables n'expliquent jamais à qui on demande des efforts. Je le sais bien, on dit : cachons-le, ils le verront suffisamment tard, ils s'en rendront compte après l'élection. J'ai connu ça. Ça peut marcher le temps d'une élection, ça se passe moins bien après. »

Discours de la Porte de Versailles,
10 décembre 2016.

« On va se dire les choses en vérité. (…) *Russia Today* et *Sputnik* ne se sont pas comportés comme des organes de presse et des journalistes, mais comme des organes d'influence de propagande. »

Conférence de presse avec Vladimir Poutine,
Versailles, 29 mai 2017.

SALUT LES BEAUFS, LES PLOUCS, LES PAUVRES, LES GROS RELOUS !
VITE, REBRANCHE LE MODULE TRADUCTEUR !
clic
FRANÇAISES, FRANÇAIS...
Soulcié

« Je ne suis pas dans un système de complaisance avec le réel. J'essaie de le nommer, parfois crûment. »

TF1, 15 octobre 2017.

« Le kwassa-kwassa pêche peu ! Il amène du Comorien ! »

Lors d'une visite au Centre régional opérationnel de surveillance et de sauvetage Atlantique d'Étel, Morbihan, 2 juin 2017.
(Phrase captée et diffusée par l'émission *Quotidien*.)

« Il y en a certains, au lieu de foutre le bordel, qui feraient mieux d'aller regarder s'ils ont des postes là-bas. »

En visite dans une fonderie de Corrèze, 5 octobre 2017.

« En l'espèce, le mot bordel, c'est du registre populaire, comme dit l'Académie française. Les mots cynique et fainéant sont d'un registre normal ou soutenu. Ils ne sont pas clivants. Nos élites politiques se sont habituées à ne plus dire les choses, à avoir un discours en quelque sorte aseptisé. »

TF1, 15 octobre 2017.

« J'ai toujours essayé de dire les choses et de m'approcher d'une forme de vérité que je pensais juste. Donc, je nomme. Je l'ai fait à plusieurs reprises, y compris quand j'ai parlé "d'illettrées". Je n'ai jamais cherché à humilier. Nos élites politiques se sont habituées à ne plus dire les choses. Je continuerai à dire les choses, à parfois m'emporter quand je discute avec les citoyens. »

TF1, 15 octobre 2017.

« Ce dont j'essaie de convaincre nos concitoyens, c'est que ce parler vrai, c'est un parler vrai avec eux et pas contre eux. Ce n'est pas du mépris, c'est au contraire de la vraie considération. (…)

Si j'étais méprisant, je n'irais pas parler aux gens. C'est très facile quand on est président de ne pas parler aux gens, de se contenter de serrer les mains, de dire bonjour, d'être protégé de tout vrai contact avec les Français. J'ai le respect d'être à hauteur d'homme, de parler à quelqu'un qui m'interpelle, de ne pas lui répondre avec facilité : on va voir votre dossier, on vous répondra. Mais d'aller au fond du sujet et de prendre du temps. C'est exactement le contraire du mépris. »

Le Monde,
1er octobre 2018.

« Je ne suis pas le père Noël parce que les Guyanais ne sont pas des enfants. »

Lors d'un déplacement en Guyane,
26 octobre 2017.

« Les révolutionnaires sont souvent des ratés du suffrage universel. »

Le Canard enchaîné,
27 septembre 2017.

« Quand on est cocu, on ne paie pas la chambre. »

L'Opinion, 25 juin 2020.

« La France a installé les droits de l'homme en Algérie. Simplement, [la France] a oublié de les lire. »

Echorouk News,
Alger, 15 février 2017.

« L'Afrique se trompe. Moi, je l'ai dit très clairement aux chefs d'État et de gouvernement au sommet d'Abidjan. (…) Je leur ai dit : Vous faites avec la Chine les bêtises que vous avez faites avec la France, (…) vous avez une fascination pour la *big money*. Donc l'argent arrive, vous pensez que c'est super, mais vous ne faites pas travailler votre jeunesse et vos populations. »

Trace Urban, 3 décembre 2017.

« Jojo avec un gilet jaune a le même statut qu'un ministre ou un député ! »

Rencontre à l'Élysée avec des journalistes, 31 janvier 2019.

« Vous m'avez fait un énorme tacle par-derrière en disant que je ne fais que des hashtags (...). Je vais quand même défendre ma cause et mon bout de gras. »

Lors d'une séance du Grand Débat à Rodez, 4 octobre 2019.

« Une gare, c'est un lieu où on croise les gens qui réussissent et les gens qui ne sont rien. »

Inauguration de Station F, Paris, 29 juin 2017.

« Il faut pas raconter des craques. Ce n'est pas parce qu'on remettra l'ISF comme il était, il y a un an et demi, que la situation d'un seul Gilet jaune s'améliorera, ça c'est de la pipe. »

Grand Débat national, 15 janvier 2018.

« [Les primaires], ce sont des concours de vachettes. Il est rare que la vachette qui gagne le concours le samedi après-midi triomphe le soir à la corrida. »

Envoyé spécial[13], France 2, 11 mai 2017.

« Je fais beaucoup de couvertures parce que je fais vendre. Comme une lessive. Rien de plus. »

Envoyé spécial[14], France 2, 11 mai 2017.

« Il y a un mot qu'on ne veut plus dire, c'est le mot de paysan. »

Discours à Quimper 16 janvier 2017.

« Quelque part ça n'aurait aucun sens que deux mâles blancs ne vivant pas dans ces quartiers s'échangent l'un un rapport, et l'autre disant "on m'a remis un plan, je l'ai découvert", ce n'est pas vrai, ça ne marche plus comme ça. »

Présentation de ses mesures pour les banlieues, mardi 22 mai 2018.

« Regardons les choses en face : il n'y a pas de planète B. »

Devant le Congrès américain, 25 avril 2018.

« Le boxeur, la vidéo qu'il fait avant de se rendre, il a été briefé par un avocat d'extrême gauche. Ça se voit ! Le type, il n'a pas les mots d'un Gitan. Il n'a pas les mots d'un boxeur gitan. »

À propos de Christophe Dettinger,
Gilet jaune ayant boxé deux gendarmes,
Le Point, 2 février 2019.

« Ce qu'on est en train de vivre, c'est la mort cérébrale de l'OTAN. »

The Economist, 9 novembre 2019.

« 900 000 personnes modestes, pauvres – parce qu'il faut appeler un chat un chat –, ont pu se déplacer. »

Discours à Clermont-Ferrand,
7 janvier 2017.

« Les gens qui pensent que la France, c'est une espèce de syndic de copropriété où il faudrait défendre un modèle social qui ne sale plus, une République dont on ne connaît plus l'odeur et des principes qu'il fait bien d'évoquer parce qu'on s'est habitué à eux et qu'on invoque la tragédie dès qu'il faut réformer ceci ou cela, et qui pensent que, en quelque sorte, le summum de la lutte, c'est les 50 euros d'APL, ces gens-là ne savent pas ce que c'est que l'histoire de notre pays. »

Macron président, la fin de l'innocence[15],
documentaire diffusé sur France 3,
le 7 mai 2018.

« Quand des pays ont encore aujourd'hui 7 à 8 enfants par femme, vous pouvez décider d'y dépenser des milliards d'euros, vous ne stabiliserez rien. »

Sommet du G20,
Hambourg, 8 juillet 2017.

« Le maréchal Pétain a été, pendant la Première Guerre mondiale, aussi un grand soldat, voilà, c'est une réalité de notre pays. »

Itinérance mémorielle,
Charleville-Mézières,
7 novembre 2018.

« La tranche d'impôt de Hollande à 75 %, c'est Cuba sans le soleil. »

Libération, 18 septembre 2012.

« Moi, j'ai dit la vérité à Whirlpool. (...) Est-ce que j'ai dit : on va tous vous sauver, on va garder l'entreprise ? Non. J'ai dit : ceux qui vous disent ça vous mentent. »

Lors d'un déplacement à Amiens, 22 novembre 2019.

« Les deux grands partis, c'est l'amicale des boulistes. Mais sans l'amitié et sans les boules. »

Le Parisien, 24 septembre 2016.

« Vous avez fait le kamasutra de l'ensauvagement depuis quinze jours ! »

À la presse, lors d'un déplacement à Clermont-Ferrand, 8 septembre 2020.

« La taxe à 75 % n'a pas créé d'emplois ni amélioré la condition de qui que ce soit en France, sauf peut-être parmi les gestionnaires de fortune au Luxembourg, en Suisse ou aux Caïmans. »

Discours devant le Parlement réuni en Congrès,
Versailles, 3 juillet 2017.

« Quand on s'approche de la vérité, parfois on se brûle. »

TF1, 15 octobre 2017.

Heidegger
Leibniz
Booba
Nietzsche
Schopenhauer
Kant
CRRR...
René Char
Bataille
d'Ormesson
Machiavel
Flaubert
Hugo
Mauriac
?
Soulcié

4.

« Pardonnez si c’est en latin. »

Ne pas lésiner sur les expressions désuètes, les mots rares, les locutions en langues anciennes, les références savantes (plutôt à des écrivains et des philosophes qu’à des économistes). Cela impressionne l‘auditoire quand il ne les connaît pas et le remplit de satisfaction quand il les connaît. Cela permet surtout d’éviter que l‘on se concentre sur le fond.

« Il y a une règle dans le droit international. Quand on signe un accord, même si c'est ses prédécesseurs, on doit le respecter. C'est la continuité de l'État. Il y a une formule latine qui le dit : *Pacta sunt servanda.* »

France 2, 18 décembre 2017.

« Votre question a une *captatio benevolentiae* très précise. »

BFM TV, 15 avril 2018.

« Il est impossible dans un débat *a priori* d'évaluer la totalité des impacts, d'avoir une forme de *Praemeditatio malorum* d'absolument tout ce qui adviendra ou un chiffrage juste, d'ailleurs, nous n'y arrivons pas. »

Discours devant la Cour des comptes,
22 juillet 2018.

« *In cauda venenum !* »

À l'Assemblée nationale, 12 mai 2015.

« La discussion portera sur deux options : réduire le montant de la dette *ab initio* ou rééchelonner la dette. »

En déplacement à Madrid,
à propos de la dette grecque, 10 juillet 2017.

« [Ce programme] crée la chose la plus importante, pardonnez si c'est en latin, *l'affectio societatis* européen, soit peu ou prou la citoyenneté européenne. »

Lors d'un déplacement à Épinal, 7 avril 2018.

« Le projet des fondateurs de l'Europe, et ce qui a fait que nous vivons en paix depuis soixante-dix ans, c'est précisément que nous avons rompu avec deux millénaires de ce que le droit médiéval appelait le *translatio imperii*, le transfert d'empire, c'est-à-dire des politiques hégémoniques successives. »

Déclaration sur la politique étrangère et de sécurité de
l'Union européenne, Munich, 15 février 2020.

« Je ne sais pas s'il fait encore nuit pour que la chouette de Minerve puisse se retourner sur ce qui s'éteint pour le comprendre… »

Le Grand Continent, 16 novembre 2020.

« Mes bréviaires sont *Les Nourritures terrestres* et *Noces à Tipasa*. Gide me montre le chemin qui conduit du cérébral à une sensualité débordante, et Camus, de la sensualité à l'intellect pur. Les deux ensemble font de moi un garçon très exalté. »

L'Obs, 14 février 2017.

« Il faudra aussi savoir trouver ce que Georges Bataille appelait "notre part maudite", une place, une considération, une vraie réponse enfin. »

Discours devant le Parlement réuni en Congrès, Versailles, 3 juillet 2017.

« Comme son cher Chateaubriand le disait de Rancé, “On croyait ne pouvoir bien mourir qu’entre ses mains, comme d’autres y avaient voulu vivre”. »

Hommage à Jean d’Ormesson aux Invalides, 8 décembre 2017.

« Dans la pensée de Heidegger, l’accent est mis sur le futur au travers de l’être-pour-la-mort et du statut donné au Souci. »

« La lumière blanche du passé. Lecture de *La Mémoire, l’histoire, l’oubli* », *Esprit*, août 2000.

« Ce serait intempestif au sens propre du terme ou au sens nietzschéen du terme. »

La Fabrique de l’Histoire, France Culture, 9 mars 2017.

« Je ne suis pas leibnizien dans l'écriture de l'Histoire. »

La Fabrique de l'Histoire,
France Culture, 9 mars 2017.

« Alors en vous renouvelant mes vœux, pour cette année qui commence et cette année de combat ensemble, oui, je vous dis et je vous redis, comme l'écrivait Alain, de penser printemps, de vouloir printemps, parce que le printemps sera à nous mes amis. »

Discours à Clermont-Ferrand,
7 janvier 2017.

« Et ce sont les demi-teintes, le "sfumato" subtil, qui vont à présent colorer la surface claire. Ce sont ces mille couleurs qui flottent comme sur de la "moire" précisément, dont Cocteau parlait en essayant de qualifier les blancs de Cézanne. »

Hommage à Jean d'Ormesson aux Invalides,
8 décembre 2017.

« Si on ne pense pas très rapidement le cadre des changements technologiques, Schumpeter va très rapidement devenir Darwin. »

Lors du sommet de Davos, 24 janvier 2018.

« "Si claire est l'eau de ces bassins qu'il faut se pencher longtemps au-dessus pour en comprendre la profondeur." Ces mots sont ceux qu'André Gide écrit dans son *Journal* à propos de La Bruyère. »

Hommage à Jean d'Ormesson aux Invalides, 8 décembre 2017.

« Nous avons anthropologiquement, ontologiquement, métaphysiquement besoin [de la religion]. »

Discours devant la communauté ecclésiale française de Rome, 26 juin 2018.

« Cette famille si bigarrée, si chatoyante, vibrante, diverse, coruscante, elle est unie. »

Discours à la cérémonie d'ouverture du 17e Sommet de la Francophonie, 11 octobre 2018.

SIC TRANSIT GLORIA MUNDI !
MAIS TA GUEULE !
Soulcié d'après Astérix.

« Ce qui est croquignolesque dans le monde où nous vivons, c'est que nous finançons le logement social, mais il augmente les loyers. »

TF1, 15 octobre 2017.

« Il ne faut pas raconter des carabistouilles à nos concitoyens. »

TF1, 12 avril 2018.

« Ce que vous proposez, c'est de la poudre de perlimpinpin. »

À Marine Le Pen,
lors du débat d'entre-deux-tours,
3 mai 2017.

« Ce qui constitue, d'ailleurs, l'esprit français, c'est une aspiration constante à l'universel, c'est-à-dire cette tension entre ce qui a été et la part d'identité, qui est cette ipséité stricte, et l'aspiration à un universel, c'est-à-dire à ce qui nous échappe. »

La Fabrique de l'Histoire,
France Culture, 9 mars 2017.

« C'est là que l'exquise transparence laisse paraître des ombres au fond du bleu cobalt. Un jour vint où Jean-qui-rit admit la présence tenaillante, irréfragable, d'un manque, d'une fêlure, et c'est alors qu'il devint écrivain. »

Hommage à Jean d'Ormesson aux Invalides,
8 décembre 2017.

« On pense que le peuple français est comme une grenouille spinale, qui n'a plus qu'un arc-réflexe : quand il y a un problème, l'arc-réflexe bouge, on pond une loi et on change la Constitution. C'est faux. »

L'Obs, 14 février 2017.

« L'histoire de France est un tissu qui change de couleur, qui est parfois rapiécé ou autre. Mais ça n'est pas un coton tendu. C'est de la moire. »

La Fabrique de l'Histoire,
France Culture, 9 mars 2017.

« En fait, je ne mets rien au-dessus de l'écriture. Je ne cesse d'y penser comme à un paradis perdu. »

L'Obs, 14 février 2017.

Soulcié

5.

« La démocratie est le système le plus *bottom up* de la terre. »

Jouer la modernité, multiplier les anglicismes, déployer le vocabulaire de l'innovation, appeler les entreprises des « start up » et glorifier le « risque » que prennent les « premiers de cordée », encore trop plombés par le fardeau fiscal et réglementaire de l'ancien monde.

« L’esprit start up, c’est le courage, c’est l’audace, c’est l’agilité. »

Sommet des start up
organisé par le magazine *Challenges*
au Palais Brongniart, 13 avril 2017.

« Les jeunes générations veulent devenir entrepreneurs, pas fonctionnaires ni politiciens. »

London School of Economics, Londres,
24 septembre 2015.

« I want France to be a “start up nation”, meaning both a nation that works with and for the start up, but also a nation that thinks and moves like a start up.[16] »

Salon VivaTech, porte de Versailles,
15 juin 2017.

« Pour réussir dans ce monde, nous avons donc besoin d'une économie plus plastique, plus mobile, qui laisse (...) chaque individu évoluer d'un secteur à l'autre, selon ses souhaits ou ses impératifs. »

Le Point, 31 juillet 2017.

« On me reproche de n'avoir pas de programme, mais, ce qui compte, c'est le projet ! »

L'Obs, 14 février 2017.

« Personne ne pourra me soupçonner de ne pas être *business friendly*. »

Lors du sommet de Davos, 24 janvier 2018.

« Ce que vous avez en commun, c'est l'essence même de ce mot entrepreneur. Et ne l'oubliez jamais, c'est un mot français, vraiment français, que nous ont volé les Anglo-Saxons. C'est ça ce qui réunit les chercheurs, les inventeurs avec vous, les investisseurs. »

Inauguration de Station F,
Paris, 29 juin 2017.

« L'économie du Net est une économie de superstars, il faut des jeunes Français qui aient envie de devenir milliardaires. »

Les Échos, 6 janvier 2015.

« Dans ce monde où tout évolue si rapidement, les Français doivent prendre plus de risques, innover. »

Révolution, 2016.

« Pour moi, l'étalon de la réussite, il n'est pas que monétaire. Mais dans la réussite, il y a aussi l'argent. Pourquoi, quand un jeune se met à taper dans un ballon, on trouve formidable qu'il veuille ressembler à Ibrahimovic, et quand un jeune veut créer son entreprise, on trouve ça honteux qu'il veuille devenir Google ? C'est ridicule ! »

BFM TV, 3 mars 2015.

« La silver économie, le crowdfunding seront des acteurs de cette transformation sociale qui est aussi une transformation démocratique ! »

Salon VivaTech, Porte de Versailles, 15 juin 2017.

« Non je ne crois pas au ruissellement. Mais je crois à la cordée. Il y a des hommes et des femmes qui réussissent parce qu'ils ont des talents, je veux qu'on les célèbre. Si on commence à jeter des cailloux sur les premiers de cordée, c'est toute la cordée qui dégringole. »

TF1, 15 octobre 2017.

« Moi je cours moins vite le 100 mètres qu'Usain Bolt, mais ce n'est pas parce qu'on va ralentir Usain Bolt que je serais plus heureux. »

Bondy Blog, 4 septembre 2016.

« Ceux qui risquent, qui osent, qui entreprennent doivent nous trouver à leurs côtés. »

Discours devant le Parlement réuni en Congrès,
Versailles, 9 juillet 2018.

« Je ne sais pas ce que ça veut dire, moi, avoir une politique pour les riches. Je sais simplement que quand il n'y a pas une économie qui tire tout le pays en avant, quand il n'y a pas des entrepreneurs qui réussissent, quand il n'y a pas des gens qui réinvestissent dans l'économie, les quartiers les plus en difficulté ne se portent pas bien. »

Lors d'un déplacement à Tourcoing,
14 novembre 2017.

« Si l'on veut partager le gâteau, la première condition est qu'il y ait un gâteau. »

Discours devant le Parlement réuni en Congrès,
Versailles, 9 juillet 2018.

« Quand on est jeune, 35 heures, ce n'est pas long. »

L'Obs, 9 novembre 2016.

« La précaution, c'est l'enlisement. »

Discours aux préfets,
5 septembre 2017.

« Nous devons accepter qu'il y ait des superstars, qu'il y ait des gens qui, sur le plan académique, sur le plan de la recherche, sur le plan de l'entrepreneuriat, de l'entreprise, eh bien, réussissent formidablement, soient beaucoup mieux financés qu'ils ne le sont. »

Discours sur l'intelligence artificielle,
Collège de France, Paris, 29 mars 2018.

Le haïku de Manuel (91)
ratp
I speak english
Wall street english!
Soulcié

« Nous allons réconcilier notre pays avec le goût du risque, avec la volonté d'entreprendre, avec la volonté de créer, à tout niveau. »

Discours de la Porte de Versailles,
10 décembre 2016.

« C'est cela, ce momentum ! Cette dynamique, c'est celle de l'hyper-innovation, celle des talents, celle que vous incarnez. »

Salon VivaTech, Porte de Versailles,
15 juin 2017.

« Je veux que vous soyez les entrepreneurs de l'État et non des automates de la fonction publique. »

Discours aux préfets, 5 septembre 2017.

« Je veux que mon pays soit ouvert à la disruption et à ces nouveaux modèles. »

Forbes, 2 mai 2018.

« La montée des énergies renouvelables (...) et le stockage de l'énergie sont la vraie disruption sur le plan scientifique et industriel. »

Cop 23, Bonn, 17 novembre 2017.

« La France sera la nation leader de cette hyper-innovation, du changement, de la transformation profonde. Elle sera le pays de cette révolution de l'entrepreneuriat, de l'innovation et de la révolution démocratique qui l'accompagne. »

Salon VivaTech, Porte de Versailles, 15 juin 2017.

« Je serai toujours derrière un fonctionnaire qui a pris sa part de risque. »

Discours aux préfets, 5 septembre 2017.

« L'agriculture, l'industrie et les services sont déjà totalement disruptés. (…) Vous devriez investir dans ces start up. Elles vont probablement vous disrupter, donc le meilleur moyen de procéder est d'être leur partenaire. »

Forbes, 2 mai 2018.

« Je dois vous faire une confidence : il y a trois ans, j'avais promis à ma femme que j'arrêtais totalement la vie politique et que j'allais créer une entreprise, que j'allais être entrepreneur. C'est vrai et Xavier Niel peut en témoigner. Simplement à l'époque, Station F n'existait pas. Donc j'ai essayé, j'ai commencé, et puis progressivement, j'ai fait pivoter le *business model.* »

Inauguration de Station F,
Paris, 29 juin 2017.

« Les *green tech*, les *clean tech* sont un enjeu essentiel des années à venir. C'est ce que je vous demande de faire au quotidien à travers les *civic tech*. »

Salon VivaTech, Porte de Versailles,
15 juin 2017.

« La démocratie est le système le plus *bottom up* de la terre. »

Discours sur l'intelligence artificielle,
Collège de France, Paris, 29 mars 2018.

« Je n'ai rien contre celles et ceux qui portent des T-shirts. Il m'arrive moi-même d'en porter, et j'aurais sinon trop de problèmes avec les formidables *helpers* qui sont là et qui arborent nos magnifiques T-shirts. »

Discours de la Porte de Versailles,
10 décembre 2016.

« Notre volonté sur ce sujet, c'est de pouvoir créer autour de l'université un vrai *cluster* de compétences. »

Lors d'un déplacement en Guyane,
27 octobre 2017.

« Bien souvent, la vie d'un entrepreneur est bien plus dure que celle d'un salarié. »

BFM TV, 20 janvier 2016.

« Ce que je veux, c'est que vous, partout, vous alliez le faire gagner, parce que c'est notre projet ! »

Discours de la Porte de Versailles,
10 décembre 2016.

« France is back ! »

Lors du sommet de Davos,
24 janvier 2018.

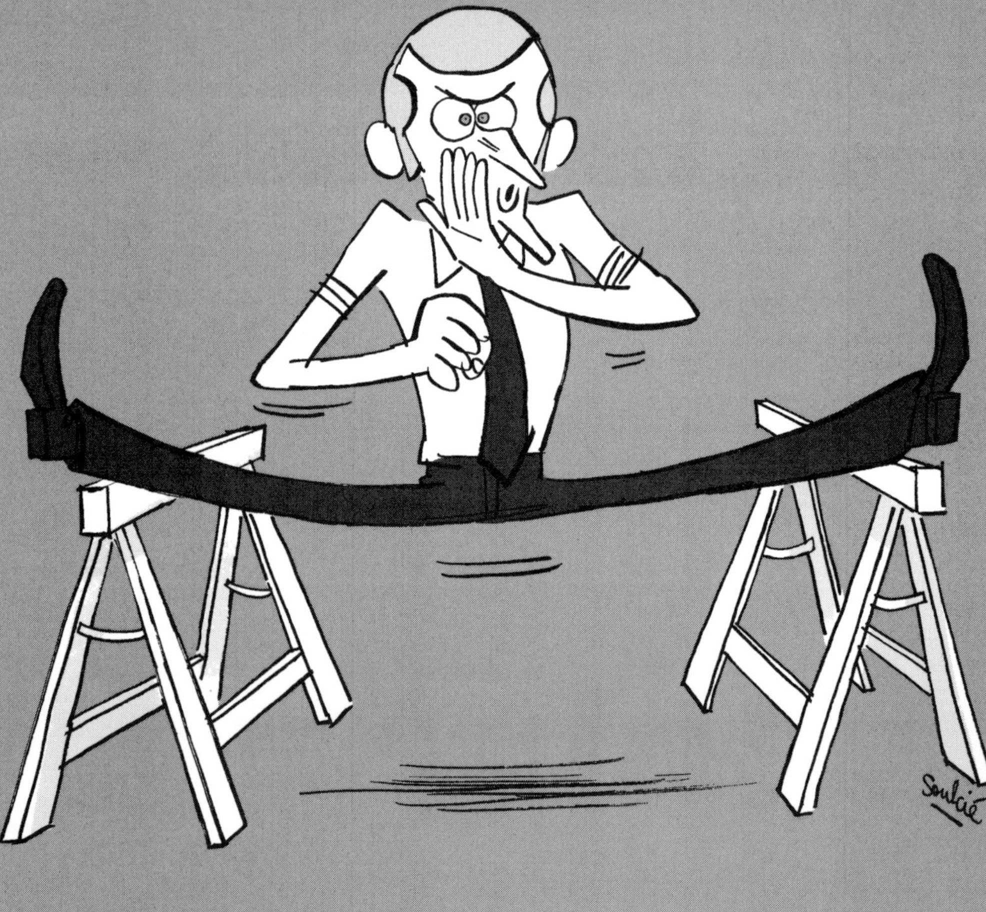
Soulcié

6.

« The famous "en même temps". »

Ne pas dévoiler son parti pris idéologique trop clairement : afficher un pseudo-équilibre pragmatique et raisonnable entre la gauche et la droite, l'halogène et la bougie, le fordisme et le farniente.

« Notre vie est toujours "en même temps" (...). Je pense que la construction d'une action politique contemporaine, c'est la capacité à appréhender le complexe du monde et à ne pas rester dans une forme de réductionnisme qui consisterait à dire choisissez votre camp. »

La Fabrique de l'Histoire, France Culture.
9 mars 2017.

« Vous avez dû le noter, j'ai dit "en même temps". Il paraît, mes amis, que c'est un tic de langage. Mais c'est un tic de langage qui voudrait dire que je ne suis pas clair, que je ne sais pas trancher, que je suis flou, parce que vous savez, il y en a qui aiment les cases, les idées bien rangées. Eh bien, je veux vous affirmer ce soir : je continuerai d'utiliser "en même temps" dans mes phrases mais aussi dans ma pensée. »

Discours de Bercy, 17 avril 2017.

« Je choisis la liberté et l'égalité. Je choisis la croissance et la solidarité. Je choisis l'entreprise et les salariés. Je choisis l'amour de notre histoire et l'ambition du changement ; la France forte et l'Europe ambitieuse ; les racines et les ailes. »

Discours de Bercy, 17 avril 2017.

« Je refuse ce dogme, que pour bâtir l'égalité, il faudrait renoncer à l'excellence, pas plus que pour réussir, il ne faut renoncer à donner une place à chacun. Le sel même de notre République est de savoir conjuguer ces exigences, oui, de faire tout cela, en quelque sorte, "en même temps". »

Discours devant le Parlement réuni en Congrès,
Versailles, 3 juillet 2017.

« J'ai théorisé dans d'autres champs le "en même temps". Je crois qu'il s'applique parfaitement pour ce qu'il s'agit du parquet. Le parquet, en effet, participe tout à la fois de l'activité judiciaire et de l'action publique. »

Déclaration sur la politique judiciaire
du gouvernement, 15 janvier 2018.

« La colonisation est un crime contre l'humanité. (...) Mais en même temps je ne veux pas qu'on tombe (...) dans la culture de la culpabilisation sur laquelle on ne construit rien. »

Echorouk News, Alger, 15 février 2017.

« J'ai toujours assumé la dimension de verticalité, de transcendance, mais en même temps elle doit s'ancrer dans de l'immanence complète, de la matérialité. »

JDD, 12 février 2017.

« The famous "en même temps". »

Lors du sommet de Davos,
24 janvier 2018.

« J'ai donc toujours été mal à l'aise avec le débat qui oppose les partisans de la "relance" à ceux de la "rigueur". »

Révolution, 2016.

« Il y a un devoir d'humanité mais aussi le devoir de respecter les lois de la République. »

Lors d'un déplacement à Calais, 16 janvier 2018.

« Contre ceux enfin qui pensaient qu'il fallait choisir entre croissance et transition environnementale et climatique, nous avons décidé d'équiper nos entreprises, notre économie pour ce grand défi du siècle. »

Discours devant le Parlement réuni en Congrès,
Versailles, 9 juillet 2018.

« Je crois à la realpolitik, je regarde comme vous notre monde, mais je le veux avec nos valeurs ! »

Discours de la Porte de Versailles,
10 décembre 2016.

« Loin d'être contradictoires, l'impératif économique et l'impératif écologique seront, dans l'avenir, de plus en plus complémentaires. »

Révolution, 2016.

« On doit remettre l'ambition écologique au cœur du modèle productif. (...) Je crois à la croissance de notre économie. »

Réponse à la Convention citoyenne pour le climat, 29 juin 2020.

« Aussi vrai que le silence assourdissant existe encore dans certains endroits de la République, je ne veux pas que nous tombions dans un quotidien de la délation qui n'est pas notre République. »

Discours à l'occasion de la Journée internationale pour l'élimination de la violence à l'égard des femmes, 25 novembre 2017.

« Ni refoulé ni repentance. »

La Fabrique de l'Histoire, France Culture,
9 mars 2017.

« En Algérie, il y a eu la torture, mais aussi l'émergence d'un État, de classes moyennes, c'est la réalité de la colonisation. »

Le Point, 22 novembre 2016.

« Tolérance zéro à l'égard de la délinquance, tolérance zéro à l'égard de toute dérive policière. »

Discours à Marseille, 1er avril 2017.

« Fondons maintenant cette majorité progressiste pour faire avancer le pays ! Ce n'est donc pas "ni droite ni gauche", mais "et droite, et gauche", car nous devons rassembler toutes les bonnes volontés autour d'un projet commun. »

Interview au *Dauphiné libéré*,
22 avril 2016.

NON CHÉRI, ON NE PEUT PAS ÊTRE EN MÊME TEMPS SLIP ET CALEÇON !
Soulcié

« Pour changer le système, il faut des gens neufs. Et il faut aussi savoir appeler ceux de l'ancien système, avec leur expérience et leur vision, qui sont les plus aptes à se remettre en cause pour justement réconcilier ces Français. »

Paris Match, 5 mai 2017.

« Je ne me suis jamais retrouvé dans les solutions toutes prêtes des doctrinaires, colbertistes d'un côté, ou libéraux de l'autre. Pour les premiers, l'État oriente, décide de tout, dirige et exécute : ce sont des nostalgiques du plan Calcul. Pour les autres, il n'existe aucun échec de marché et la meilleure politique industrielle serait de ne pas en avoir. Pour ma part, je ne crois ni à l'une ni à l'autre de ces solutions : ni à l'efficacité contestable de la première ni à la pureté dangereuse de la deuxième. »

Révolution, 2016.

« J'aime, chez Erik [Orsenna], un enthousiasme que rien ne peut entamer. Et j'ai adoré, de François [Sureau], *Le Chemin des morts*, un livre capital sur l'asile politique dans nos démocraties. Cette gauche et cette droite littéraires correspondent à ce que je suis intimement. C'est l'âme française. Elle n'est pas hémiplégique. Je suis obsédé par la réconciliation des Histoires. »

L'Obs, 14 février 2017.

« Je ne partage ni l'exaltation de ceux qui vantent cette vie [à la banque d'affaires Rothschild] comme l'horizon indépassable de notre temps ni l'amertume critique de ceux qui y voient la lèpre de l'argent et de l'exploitation de l'homme par l'homme. »

Révolution, 2016.

« J'ai décidé qu'on allait créer un mouvement politique, un mouvement politique nouveau qui ne sera pas à droite, qui ne sera pas à gauche. (…) Je suis d'un gouvernement de gauche et je l'assume totalement avec les valeurs auxquelles je crois et ce qui me caractérise. Mais je veux travailler avec des gens qui se sentent aujourd'hui à droite, aussi. »

Discours de lancement du mouvement En Marche,
Amiens, 6 avril 2016.

« Je crois qu'il y a vraiment une voie que nous sommes en train de fait de suivre, qui n'est ni cette espèce de réflexe de gauche pavlovien qui consiste à mal revisiter la lutte des classes ni cette espèce de libéralisme à tout crin qui consiste à dire qu'il faut que le capitaliste puisse faire des profits pour être heureux et que, s'il est heureux et libre, il sera bon pour l'économie. Cette inflexion a du mal à dire son nom mais elle change des repères classiques de la gauche sans pour autant être sur le terrain de la droite. »

Mediapart, interview réalisée en octobre 2013,
publiée le 27 août 2017.

« La gauche qui ne fait rien ne sert à rien. La droite qui n'a rien fait et qui ne propose rien ne sert à rien. »

BFM TV, 18 janvier 2015.

« Aujourd'hui notre pays n'a besoin ni de la gauche de 1981 (...) ni de la droite de 1934, qui espérait la radicalisation des Français contre nos institutions. »

Conférence de presse, 28 mars 2017.

« Comme de Gaulle, je choisis le meilleur de la gauche, le meilleur de la droite, et même le meilleur du centre. »

Discours de Bercy, 17 avril 2017.

« Je crois au dépassement politique. Les Françaises et les Français, quand il y a la crise du Covid, ils nous demandent de les soigner bien et que ça fonctionne. Ils ne se posent pas la question de savoir si le soin est de gauche ou de droite. Quand la relance arrive, ils demandent qu'elle soit efficace et juste, ils ne demandent pas qu'elle soit de gauche ou de droite. »

France 2, 14 juillet 2020.

« D'autres voudraient nous enfermer dans un choix simple, Margaret Thatcher ou Trotski, Fidel Castro ou Maurras. »

Discours de Bercy, 17 avril 2017.

« Je ne prendrais pas ce chiffre pour dire que [StopCovid] est un échec, ça n'a pas marché. »

France 2 et TF1, 14 octobre 2020.

Soulcié

7.

« Il faut choisir un chemin et s'y tenir. »

Ne pas hésiter à dire tout et son contraire selon les réquisits du moment. Ce n'est pas comme si les journalistes tenaient les archives. « Il n'y a rien de plus oublieux qu'un peuple, il n'y a rien de plus fidèle », comme disait Charles Maurras.

« Je suis socialiste, et je l'assume. »

Discours devant des chefs d'entreprise
réunis par le magazine *Challenges*,
4 décembre 2014.

« L'honnêteté m'oblige à vous dire que je ne suis pas socialiste. »

Déclaration à des journalistes au Puy du Fou,
19 août 2016.

*

« Je ne crois pas une seule seconde aux cent jours et à la réforme par ordonnances. Regardez ce qui vient de se passer quand on réforme en passant par le 49-3, qui est pourtant un article constitutionnel : les gens le prennent très mal. »

Le Monde, 24 novembre 2016.

« [Les ordonnances], ça permet d'accélérer les débats. »

Public Sénat, 11 avril 2017.

« La réforme, on ne la joue pas aux dés : on la fait passer. »

France 2, 17 février 2015.

« Je souhaite que ce renouvellement scelle le retour du débat que n'aveuglent pas les dogmes, du partage d'idées que ne dénature pas le caporalisme. C'est aussi pour cela que je crois à la vertu du pluralisme, au respect plein et entier des oppositions. Non parce qu'il s'agirait d'un usage. Mais car c'est la dignité du débat démocratique. »

Discours devant le Parlement réuni en Congrès,
Versailles, 3 juillet 2017.

*

« Il n'y a pas d'argent magique. »

Face à une aide-soignante réclamant des moyens au CHU de Rouen, 5 avril 2018.

« La santé n'a pas de prix. Le gouvernement mobilisera tous les moyens financiers nécessaires pour porter assistance, pour prendre en charge les malades, pour sauver des vies quoi qu'il en coûte. »

Adresse aux Français, 12 mars 2020.

*

« J'ai demandé au gouvernement de prendre les dispositions nécessaires pour que l'utilisation du glyphosate soit interdite en France dès que les alternatives auront été trouvées, et au plus tard dans trois ans. »

Twitter, 27 novembre 2017.

« Est-ce qu'on peut dire, il n'y aura plus du tout de glyphosate dans trois ans ? Impossible. Je ne vais pas vous mentir, ce n'est pas vrai (…). Si je vous disais ça, je tue complètement certaines filières. »

Lors d'une séance du Grand Débat à Bourg-de-Péage (Drôme), 25 janvier 2019.

« Il est vain de pénaliser systématiquement la consommation de cannabis. »

Révolution, 2016.

« Je ne crois pas à la dépénalisation des “petites doses” ni aux peines symboliques. Cela ne règle rien. »

Le Figaro, 16 février 2017.

*

« On ne peut ni ne doit tout attendre d’un homme et [la prochaine élection présidentielle] n’apportera pas plus qu’auparavant le démiurge. Loin du pouvoir charismatique et de la crispation césariste de la rencontre entre un homme et son peuple, ce sont les éléments de reconstruction de la responsabilité et de l’action politique qui pourraient être utilement rebâtis. »

« Les labyrinthes du politique »,
Esprit, mars-avril 2011.

« Il y a dans le processus démocratique et dans son fonctionnement un absent. Dans la politique française, cet absent est la figure du roi, dont je pense fondamentalement que le peuple français n’a pas voulu la mort. (…) La Terreur a creusé un vide émotionnel, imaginaire, collectif : le roi n'est plus là ! On a essayé ensuite de réinvestir ce vide, d'y placer d'autres figures : ce sont les moments napoléonien et gaulliste, notamment. Le reste du temps, la démocratie française ne remplit pas l'espace. »

Le 1, 8 juillet 2015.

*

« Je compte sur vous pour engager plus d'apprentis. C'est désormais gratuit quand ils sont mineurs. »

Université d'été du MEDEF,
27 août 2015.

« Parce que je suis le candidat du travail, je veux que le travail paye mieux. »

Discours de la Porte de Versailles,
10 décembre 2016.

*

« Un entrepreneur qui s'enrichit, c'est un entrepreneur qui est en train de réussir et qui donc fait réussir son pays, embauche, tire d'autres entrepreneurs et doit pouvoir réussir encore plus facilement, plus vite, plus fort, pour pouvoir réinvestir demain. »

Salon VivaTech, Porte de Versailles,
15 juin 2017.

« Notre pays tient tout entier sur des femmes et des hommes que nos économies reconnaissent et rémunèrent si mal. »

Adresse aux Français,
13 avril 2020.

*

« Je crois à l'idéologie politique. L'idéologie, c'est une construction intellectuelle qui éclaire le réel en lui donnant un sens, et qui donne ainsi une direction à votre action. C'est un travail de formalisation du réel. »

Le 1, 8 juillet 2015.

« Sachons sortir des sentiers battus, des idéologies. »

Adresse aux Français, 13 avril 2020.

À FORCE DE RETOURNER TA VESTE, ÇA DEVAIT FINIR PAR ARRIVER !
Medef
EM!
S.

« Il est des mots aujourd'hui en France dont certains moquent l'innocence un peu naïve : humanisme, tolérance, bienveillance, espérance. Revendiquez-les ! Défendez-les ! Faites-en vos drapeaux contre les drapeaux noirs et le relativisme corrosif dont notre monde souffre tant. »

Oradour-sur-Glane, 10 juin 2017.

« Il faut se garder des faux bons sentiments. »

Lors d'un déplacement à Rome,
11 janvier 2018.

*

« Ne parlez pas de répression, de violences policières, ces mots sont inacceptables dans un État de droit. »

Lors d'une séance du Grand Débat national
à Gréoux-les-Bains (Alpes de Haute-Provence),
7 mars 2019.

« Je peux vous dire "Il y a des violences policières" si ça vous fait plaisir que je le dise. »

Brut, 4 décembre 2020.

« Contrairement à ce que certains disent, nous ne sommes pas confrontés à une vague d'immigration. (…) Le sujet de l'immigration ne devrait pas inquiéter la population française. (…) L'immigration fait partie du monde dans lequel nous vivons. De surcroît, l'immigration se révèle être une chance d'un point de vue économique, culturel, social. »

Réforme, 2 mars 2017.

« Nous sommes face à des vagues migratoires (…) qui sont inédites depuis la fin de la Seconde Guerre mondiale. »

Lors d'un déplacement à Rome,
11 janvier 2018.

*

« Je vois une ville française façonnée par 2 000 ans d'histoire, d'immigration, d'Europe. Du Vieux-Port à Saint-Loup, en passant par le Panier, je vois des Arméniens, des Comoriens, des Italiens, des Algériens, des Marocains, des Tunisiens, des Maliens, des Sénégalais, des Ivoiriens… Tellement que je ne peux [tous les] citer ! Je crois voir des Marseillais ? Je vois des Français ! (…) Regardez-les bien, mesdames et messieurs du Front national, c'est ça être fier d'être Français. »

Discours à Marseille, 2 avril 2017.

« Les bourgeois n'ont pas de problème avec [l'immigration] : ils ne la croisent pas. Les classes populaires vivent avec. La gauche n'a pas voulu regarder ce problème pendant des décennies. »

Lors d'une réunion de parlementaires de la majorité, 16 septembre 2019.

*

« De la même façon que je n'accepte qu'aucun autre dirigeant ne me donne des leçons sur la manière de gouverner mon pays, je n'en donne pas aux autres. »

Déclaration conjointe avec le président égyptien al-Sissi à l'Élysée, 24 octobre 2017.

« Personne n'a été à la hauteur des engagements pris le 1er septembre. (…) J'ai honte pour vos dirigeants. »

Sur l'échec de la classe politique libanaise à former un nouveau gouvernement, 27 septembre 2020.

*

« Je suis toujours très prudent avec le sujet de "l'identité" parce que beaucoup de candidats à droite et à l'extrême droite utilisent ce terme pour replier la France sur, en quelque sorte, la haine de l'autre, le fantasme d'un passé qui parfois n'a jamais été. Je crois beaucoup plus au concept d'appartenance à une nation, ce qui n'est pas la même chose qu'une identité. »

La Fabrique de l'Histoire,
France Culture, 9 mars 2017.

« Je veux aussi que nous mettions d'accord la Nation avec elle-même sur ce qu'est son identité profonde, que nous abordions la question de l'immigration. Il nous faut l'affronter. »

Allocution devant l'Assemblée nationale,
10 décembre 2018.

*

« Ce qui sortira de cette convention, je m'y engage, sera soumis sans filtre soit au vote du Parlement, soit à référendum. »

À propos de la convention citoyenne pour le Climat,
Conférence de presse, 25 avril 2019

« J'ai 150 citoyens, je les respecte, comme des parlementaires, mais je ne vais pas dire, parce que ces 150 citoyens ont écrit un truc, c'est la Bible »

Brut, 4 décembre 2020

8.

« Jean Jaurès était un défenseur de l'entrepreneur. »

Trianguler. À droite, mais surtout à gauche. Contester à la gauche le monopole de la « révolution », de la critique du « capitalisme », ou de l'attachement au « 1er Mai ». D'abord, cela attire les électeurs de droite complexés qui veulent pouvoir se dire de « gauche » tout en soutenant la suppression de l'ISF. Ensuite, cela folklorise ces mêmes mots et symboles, les vidant de leur charge subversive.

« Mes chers compatriotes, nous aurons des jours meilleurs et nous retrouverons les jours heureux. »

Adresse aux Français, 13 avril 2020.

« Je suis un maoïste, (...) un bon programme, c'est ce qui marche. »

Le Parisien, 1er mars 2017.

« [Jean Jaurès] n'est pas celui qu'on veut nous faire croire. C'était un homme qui aimait la liberté beaucoup plus que ceux qui le citent à loisir aujourd'hui. C'était un défenseur de l'entrepreneur, ce qui surprend souvent. C'était un esprit libre, un défenseur des droits et un amoureux des libertés. Il est en quelque sorte l'homme du "en même temps" que je porte aujourd'hui. Il n'était pas enfermé dans l'égalitarisme. »

Midi libre, 2 mai 2017.

« Il faut inventer une politique d'accès, au sens où, en effet, Vilar l'entendait. »

L'Obs, 14 février 2017.

« J'ai eu comme professeur Étienne Balibar, dont la manière savante et discursive d'enseigner, de déplier les concepts m'a beaucoup inspiré. »

L'Obs, 14 février 2017.

« [Ma réforme des autocars] est, toutes proportions gardées, comme le lait que Pierre Mendès France a imposé dans les écoles pour lutter contre la dénutrition dans les années 1950. »

Le Parisien, 13 novembre 2015.

« La politique et la pensée politique se construisent dans les plis, pour reprendre une formule de Gilles Deleuze. Les plis de la vie sont des moments où il y a une forme d'opacité assumée. C'est une bonne chose parce qu'on se construit dans l'obscurité. »

Le 1, 8 juillet 2015.

« Je veux avoir une pensée en ce jour pour les organisations syndicales qui ne peuvent tenir les traditionnels défilés. (...) Avec cette volonté forte : retrouver dès que possible les 1er Mai joyeux, chamailleurs parfois, qui font notre Nation. »

Message vidéo, 1er mai 2020.

« Le 1er Mai est la fête de toutes celles et ceux qui aiment le travail, le chérissent, parce qu'ils produisent, parce qu'ils forment, parce qu'ils savent que par le travail nous construisons. Merci de porter ces valeurs et d'œuvrer chaque jour pour notre Nation. »

Twitter, 1er mai 2019.

« Si être Gilet jaune, c'est vouloir une réduction du nombre de parlementaires, que les Français vivent mieux, un État bienveillant, je suis Gilet jaune. »

TF1, 31 janvier 2019.

« [Le capitalisme contemporain] est en train d'écraser toute forme de valeur sur la valeur monétaire. Et ça devient un capitalisme de puissants qu'on n'arrive plus à réguler. On a eu plusieurs vagues, la mondialisation du capitalisme dans les années 1980-1990, sa financiarisation, qui a encore décuplé cet effet-là, et la numérisation, qui est la troisième vague qui arrive dessus. Et donc, aujourd'hui, dans nos sociétés, il y a une forme d'effondrement moral, de sens, parce que, en effet, ça c'est le point auquel j'adhère totalement, on écrase la notion de valeur sur le monétaire, parce que c'est le seul élément de fongibilité entre tous les espaces, parce que si je me compare à quelqu'un du fin fond de l'Inde dans ce monde hypermondialisé immédiat, la seule chose, le seul élément qui nous rende parfaitement comparables, c'est ce fétiche que dénonçait Marx, qui est l'argent. »

La Fabrique de l'Histoire,
France Culture, 27 janvier 2017.

« Le capitalisme est en train de se fracasser sur son incapacité à penser sa propre régulation sociale ou environnementale. »

La Croix, 13 mars 2017.

« Nous avons traîné à régler le réchauffement climatique, à traiter des inégalités contemporaines qu'un capitalisme déréglé s'est mis à produire. »

Discours devant l'ONU, 19 septembre 2017.

« La répartition de la valeur ajoutée n'est plus juste. »

Lors du sommet de Davos, 24 janvier 2018.

« Ce que révèle d'ores et déjà cette pandémie, c'est que la santé gratuite, sans condition de revenus, de parcours ou de profession, notre État-Providence, ne sont pas des coûts ou des charges, mais des biens précieux, des atouts indispensables quand le destin frappe. Ce que révèle cette pandémie, c'est qu'il est des biens et des services qui doivent être placés en dehors des lois du marché. Déléguer notre alimentation, notre protection, notre capacité à soigner, notre cadre de vie, au fond à d'autres, est une folie. »

Adresse aux Français, 12 mars 2020.

« Quelque chose ne fonctionne plus dans ce capitalisme qui profite de plus en plus à quelques-uns. Je ne veux plus que nous considérions que le sujet d'ajustement économique et de la dette prévaut sur les droits sociaux. »

Discours devant l'Organisation internationale du travail, 11 juin 2019.

Révolution

Titre donné à son livre programmatique paru à l'automne 2016 chez XO éditions.

« Je n'aime ni les castes, ni les rentes, ni les privilèges. »

Discours devant le Parlement réuni en Congrès, Versailles, 9 juillet 2018.

« Il nous faudra bâtir une stratégie où nous retrouverons le temps long, la possibilité de planifier, la sobriété carbone. »

Adresse aux Français, 13 avril 2020.

NE M'ATTENDS PAS CE SOIR, JE SORS DRAGUER DU GAUCHISTE.
eau de Merguez
soulcié

« Le travail du dimanche, c'est plus de liberté, et la liberté, c'est une valeur de gauche. »

RTL, 11 décembre 2014.

« Être de gauche aujourd'hui, c'est donner à chaque moment de la vie la possibilité d'avancer, de réussir. »

Twitter, 18 février 2015.

« Il ne faut pas envoyer le signal que le succès ne fait pas partie des valeurs de la France. Le succès, l'émancipation par le travail, ça fait même partie des valeurs de la gauche. »

Les Échos, 6 janvier 2015.

« Il n'est pas interdit d'être de gauche et de bon sens : si on ne produit pas, ma grand-mère m'a toujours dit qu'on n'avait pas grand-chose à distribuer. Être de gauche, pour moi, c'est en effet être efficace, recréer les conditions pour investir, produire et innover (...), être juste pour que les efforts comme les gains soient équitablement répartis. Être de gauche, c'est être responsable, ce n'est pas prendre une posture, c'est essayer de faire bouger les choses, (...) être davantage du côté du risque que de la rente. »

Ouest-France, 1er septembre 2014.

« J'étais, il y a quelques jours, à New York, j'y rencontrais Joseph Stiglitz, un affreux gauchiste pour les Américains, prix Nobel de son état, que m'expliquait-il ? Que précisément, le travail était la clef de l'émancipation contemporaine, mais qu'il fallait sortir de cette espèce de frilosité selon laquelle il ne sert à rien de vouloir faire grossir le gâteau, il faudrait simplement le partager, le réduire toujours un peu plus, que le travail ne soit qu'une quantité finie. »

Discours de la Porte de Versailles,
10 décembre 2016.

« Nous sommes de vrais populistes, nous sommes avec le peuple, tous les jours. »

Devant des maires réunis à l'Élysée,
21 novembre 2018.

« Les choses sont claires : la réponse, c'est la tolérance zéro. Toute personne qui porte l'autorité républicaine et qui appartient à nos forces de sécurité intérieure ou qui agit pour servir, comme les pompiers et les soignants, mérite le respect. Nous ne tolérerons aucun écart. »

TF1, 21 juillet 2020.

« Le monde universitaire a été coupable. Il a encouragé l'ethnicisation de la question sociale en pensant que c'était un bon filon. Or le débouché ne peut être que sécessionniste. Cela revient à casser la République en deux. »

Le Monde, 11 juin 2020.

« Le Front national, c'est le parti de l'anti-France. »

Discours de la Porte de la Villette,
Paris, 1er mai 2017.

OPEN
Soulcié

9.

« Il n'y a pas d'autre choix. »

Rester maître des termes de l'alternative de telle sorte que la voie gouvernementale s'impose comme la meilleure option possible. Exemple : travailler le dimanche et donc pouvoir se payer le cinéma, ou ne pas travailler le dimanche et donc ne pas pouvoir se payer le cinéma. Évacuer ainsi la possibilité d'être suffisamment bien rémunéré en semaine pour pouvoir se payer un cinéma sans avoir à travailler le dimanche.

« La France va prendre le tournant de la 5G. (…) J'entends beaucoup de voix qui s'élèvent pour expliquer qu'il nous faudrait relever la complexité des problèmes contemporains en revenant à la lampe à huile. Je ne crois pas au modèle amish. »

Discours devant les start up de la French Tech, 14 septembre 2020.

« Allez à Stains expliquer aux jeunes qui font chauffeur Uber de manière volontaire qu'il vaut mieux tenir les murs ou dealer. »

Mediapart, 2 novembre 2016.

« Il y a beaucoup de Français et de Françaises qui aimeraient travailler le dimanche pour pouvoir se payer le cinéma. »

RTL, 11 décembre 2014.

« Aujourd'hui s'est installée l'idée que nous ne serions plus en démocratie. Mais allez en dictature ! »

Radio J, 24 janvier 2020.

« Le véritable clivage aujourd'hui est entre les conservateurs passéistes qui proposent aux Français de revenir à un ordre ancien, et les progressistes réformateurs qui croient que le destin français est d'embrasser la modernité. »

Révolution, 2016.

« Aujourd'hui, le vrai clivage, il est entre le repli et l'ouverture, entre les conservateurs et les progressistes. »

Twitter, 30 août 2016.

NOTRE MARGARET QUI ÊTES AUX CIEUX QUE TON RÈGNE VIENNE ET DÉLIVRE-NOUS DES SYNDICATS
AMEN

« Notre responsabilité dans les mois à venir, c'est d'organiser le vrai débat européen, d'avoir les véritables échéances européennes, qui seules permettront à nos peuples de choisir entre ceux qui veulent une Europe qui ne propose plus, ceux qui veulent une Europe du repli, ceux qui veulent une Europe de l'habitude, et ceux qui sont prêts à porter une Europe de l'ambition. »

Discours devant le Parlement européen, Strasbourg, 17 avril 2018.

« Il n'y a pas d'autre choix que d'agir pour réformer. »

Europe 1, 17 septembre 2014.

« On ne s'arrête pas au milieu du gué, Descartes dans ses *Méditations* dit que lorsqu'on est au milieu de la forêt, il faut choisir un chemin et s'y tenir. Bien sûr, il faut expliquer aux gens où on va et pourquoi on le fait, accompagner chacun quand il ne comprend pas cette route ou qu'il trébuche sur un caillou. Mais on ne change pas le chemin. Revenir en arrière, c'est être sûr de se perdre. »

Le Monde, 1er octobre 2018.

« Quand les choses ont commencé à être difficiles, beaucoup ont changé de cap. Moi, je ne le ferai pas. Moi, je dois prendre des décisions qui n'avaient pas été prises depuis des décennies. »

Entretien depuis le porte-avions *Charles de Gaulle*, TF1, 14 novembre 2018.

« En aucun cas, je ne changerai de politique. Je me suis engagé à procéder aux transformations que notre pays, depuis des décennies, avait évitées par le petit jeu du tic-tac de droite et de gauche ou par les lâchetés. (...) Notre priorité n'est pas de durer, mais de faire. »

JDD, 30 septembre 2018.

« Les contestations ne sont pas de nature à conduire le gouvernement à revenir sur les engagements qui ont été pris durant la campagne et sur ce qui a d'ores et déjà commencé à être mis en œuvre. »

À propos de la réforme de la SNCF, 23 mars 2018.

« Democracy is not the street. »

CNN, 19 septembre 2017.

« Tout président de la République connaît le doute, bien sûr, et je ne fais pas exception à la règle, mais j'ai le devoir de ne pas laisser le doute détourner ma pensée et ma volonté. »

Discours devant le Parlement réuni en Congrès, Versailles, 9 juillet 2018.

Leçon 5
Soulas

10.

« Il faut expliquer au peuple français où on va. »

Disqualifier la critique. Elle ne peut être rationnelle. Si les gens sont en colère, c'est forcément parce qu'ils n'ont pas compris ou parce qu'ils sont aveuglés par, au choix : des réflexes culturels arriérés, des troubles émotionnels (peur, ressentiment, jalousie, haine…), des mensonges sur les réseaux sociaux, le plus souvent fabriqués par « les Russes ». Renvoyer la contestation à la « violence ».

« Le peuple veut comprendre. Il guette les gestes et les paroles. »

L'Obs, 14 février 2017.

« La France n'est pas un pays réformable, les Françaises et les Français détestent les réformes. Dès qu'on peut éviter les réformes, on ne les fait pas. C'est un peuple qui déteste cela. Il faut lui expliquer où on va, et il faut lui proposer de se transformer en profondeur. »

Devant la communauté française de Bucarest, lors d'un déplacement en Roumanie, 24 août 2017.

« Bien sûr qu'il y a de la colère dans le pays, beaucoup d'angoisse, de responsabilités à prendre : c'est pour ça que je suis là. C'est important non pas d'alimenter la peur mais d'expliquer les choses. »

À l'usine Whirlpool d'Amiens, 26 avril 2017.

« Je n'ai rien oublié des peurs, des colères accumulées pendant des années (...). Peur aussi de l'autre, des grands changements, du fracas du monde. (...) Face aux peurs du déclassement économique, à la peur culturelle, civilisationnelle, nous devons répondre par un projet fort, économique, social, national et européen. »

Discours devant le Parlement réuni en Congrès, Versailles, 9 juillet 2018.

« La rue s'exprime et paralyse le pays quand le président trahit ou n'explique pas. »

Paris Match, 5 mai 2017.

« Il ne faut pas dire que le [chlordécone] est cancérigène. Il est établi que ce produit n'est pas bon, il y a des prévalences qui ont été reconnues scientifiquement, mais il ne faut pas aller jusqu'à dire que c'est cancérigène parce qu'on dit quelque chose qui n'est pas vrai et qu'on alimente les peurs. »

À des élus d'outre-mer, 1er février 2019.

« C'est l'argent de la nation, vous comprenez. »

Aux soignants demandant des moyens pour la Santé, lors d'une visite à une association d'aidants, 6 octobre 2020.

« On a fait vivre à la jeunesse quelque chose de terrible à travers le confinement : on a interrompu leurs études, ils ont des angoisses sur leurs examens, leurs diplômes et leur entrée dans l'emploi. Il est normal qu'ils trouvent dans la lutte contre le racisme un idéal, un universalisme. »

Le Monde, 10 juin 2020.

« Il y a des peurs liées à ces innovations, il faut les lever en disant la vérité, en trouvant les bons compromis et en expliquant, en mesurant, par le débat citoyen éclairé. »

Discours devant les start up de la French Tech, 14 septembre 2020.

« Je chéris ce qui peut faire de notre démocratie une démocratie plus forte encore, celle de ne pas céder à l'émotion constante. »

À propos de la nomination de Gérald Darmanin au ministère de l'Intérieur, 14 juillet 2020.

« Nous nous sommes habitués à un monde qui nous inquiète. Qu'au fond nous ne voulons pas nommer ni regarder en face. Alors, on se plaint, on râle. »

Révolution, 2016.

« Il y a des peurs, il y a des angoisses, c'est tout à fait vrai, on n'aime pas le changement. »

À propos des manifestations sur les retraites, 15 janvier 2020.

« Ces idées ont un nom : nationalisme, identitarisme, protectionnisme, souverainisme de repli. Ces idées qui, tant de fois, ont allumé les brasiers où l'Europe aurait pu périr, les revoici sous des habits neufs encore ces derniers jours. (...) Les passions tristes de l'Europe sont bien là. »

Discours sur l'Europe à la Sorbonne,
26 septembre 2017.

« Il faut refuser la démagogie parce que l'addition des colères n'a jamais fait une solution. »

Devant une assemblée de maires,
en Normandie, à l'occasion du Grand Débat,
15 janvier 2019.

« Il ne faut pas tout confondre. C'est pure démagogie que de dire qu'il faut arrêter de vendre des armes à Riyad. »

Conférence de presse
tenue après l'assassinat du journaliste saoudien
Jamal Khashoggi, 26 octobre 2018.

« J'ai conscience que les changements bousculent souvent. (...) Alors, ne vous y trompez pas, j'entends sur ce sujet si important, [la réforme des retraites], qui tient au cœur même de l'identité française, les peurs, les angoisses qui se font jour. J'entends aussi beaucoup de mensonges et de manipulations. »

Vœux aux Français, 31 décembre 2019.

« Je ne crois pas à la jalousie française qui consiste à dire il y a des riches, taxons-les, nous nous porterons mieux. »

TF1, 15 octobre 2017.

« Je ne céderai pas au triste réflexe de la jalousie française. Parce que cette jalousie paralyse le pays. »

Der Spiegel, 13 octobre 2017.

« Nous sommes comme recroquevillés sur nos passions tristes, la jalousie, la défiance, la désunion, une certaine forme de mesquinerie, parfois de bassesse, devant les événements. »

Révolution, 2016.

« C'est en particulier l'un des traumatismes français, qui est cette volonté d'égalité qui s'est transformée en égalitarisme jaloux. (...) Je pense que c'est rétrograde et envieux de faire des procès d'intention à ceux qui poussent les jeunes à réussir. »

BFM TV, 3 mars 2015.

« En France, on aime l'entrepreneur à condition qu'il ne réussisse pas trop bien. Et quand il commence à réussir trop bien, on le jalouse, on le stigmatise et, souvent, on le fiscalise. Eh bien, c'est terminé ! »

Salon VivaTech, Porte de Versailles, 15 juin 2017.

« Ce peuple luthérien, qui a vécu les transformations de ces dernières années, n'est pas exactement les Gaulois réfractaires au changement ! »

Devant la communauté française au Danemark, 29 août 2018.

« C'est un pays qui n'accepte les changements que lorsqu'on lui explique les yeux dans les yeux ce que l'on veut faire. »

Le Point, 31 août 2017.

« Quand vous écoutez les gens, qu'est-ce qu'ils disent ? Ils veulent couper la tête du président. Ils disent que les députés sont tous des salopards. Ils décident que n'importe qui qui décide est illégitime. Ils ne veulent même plus que quelqu'un décide en leur sein. Et ils disent que les journalistes mentent. Et ils croient leur boucle mail ou leurs copains sur Facebook dans une espèce de système où chacun représente lui-même. C'est la dissolution d'une démocratie si on les suit. Par des mécanismes que j'ai expliqués, ils arrivent à se diffuser partout. Pour des gens qui sont faibles, ou fragiles, ou en colère, cela a une espèce de résonance. »

Le Point, 2 février 2019.

« Ce qui s'est passé aujourd'hui à Paris n'a rien à voir avec l'expression pacifique d'une colère légitime. (...) Les coupables de ces violences ne veulent pas de changement, ne veulent aucune amélioration, ils veulent le chaos. »

Sur les Gilets jaunes,
depuis le sommet du G20 à Buenos Aires,
1er décembre 2018.

« Ce combat noble [contre le racisme] est dévoyé lorsqu'il se transforme en communautarisme, en réécriture haineuse ou fausse du passé. »

Adresse aux Français, 14 juin 2020.

« Derrière tous ces faux procès, on trouve le même vice, le vice qui empoisonne depuis trop longtemps le débat public : le déni de réalité, le refus de voir le réel en face dans sa complexité et ses contraintes. (...) Trop de mes prédécesseurs se sont vu reprocher de n'avoir pas fait la pédagogie de leur action, ni d'avoir exposé le sens et le cap de leur mandat. (...) La France est un pays qui résiste aussi longtemps qu'il est possible de ne pas réformer, un pays qui se cabre quand on lui parle mal, quand on ne lui explique pas, quand on ne le respecte pas, quand on ne parle pas à sa dignité et à son intelligence ! »

Discours devant le Parlement réuni en Congrès, Versailles, 3 juillet 2017.

« Je mesure aussi combien les décisions prises peuvent parfois heurter, susciter des craintes et des oppositions. (...) Je veux vous assurer que je ne céderai rien au pessimisme ou à l'immobilisme. »

Vœux aux Français, 31 décembre 2019.

COMME JE ME TUE À TE L'EXPLIQUER, C'EST POUR TON BIEN !

« Je veux avoir un débat instruit avec les Français pour chasser les fausses idées. »

Première « consultation citoyenne » sur l'Europe, Épinal, 17 avril 2018.

« Choisissons une autre voie, la voie inventée à l'endroit même où nous nous trouvons qui n'était pas celle de la démagogie, c'était celle de la démocratie, de la controverse, du débat, de la construction par l'esprit critique et le dialogue. »

Lors d'une visite officielle à Athènes, devant l'Acropole, 8 septembre 2017.

« Sur ce sujet [la Corse], comme sur tous les autres, je suis ouvert au dialogue. Et le dialogue, en la matière, la coconstruction, c'est la méthode que j'ai choisie. »

Discours à Furiani, 7 avril 2017.

« Face à la grande coalition du déni, celle qui considère finalement qu'il n'y a rien à faire celle qui considère que nous ne devrions pas bouger, alors oui, nous avons raison. »

Sur la loi Macron, lors de la séance à l'Assemblée nationale du 18 février 2015.

« Maintenant on doit rentrer dans une phase d'explication et de construction d'un compromis. L'explication, parce qu'il faut que chacun et chacune comprenne ce que cette réforme [des retraites] veut dire pour lui. (...) Quand on prend la peine d'expliquer et d'écouter, on peut lever beaucoup d'ambiguïtés. »

En marge de son déplacement à Pau pour le G5 Sahel, 14 janvier 2020.

« Sur un trajet de 40 km, c'est deux minutes de plus [la limitation à 80 km/h]. (...) Ce n'est pas énorme, mais on est face à un pays bloqué où ce genre de mesure a un impact psychologique fort. Il faut absolument l'expliquer. »

JDD, 25 mars 2018.

« Il y a de la pédagogie à faire. (…) Il faut expliquer et il ne faut pas avoir une politique de facilité. »

Europe 1, 6 novembre 2018.

« Ne pas ouvrir de boulevard (…) aux démagogues, ceux qui voudraient simplifier les choses, ceux qui aiment le fracas du quotidien. »

Devant des maires réunis à l'Élysée, 21 novembre 2018.

« Dans l'affaire Benalla, comme avec les Gilets jaunes, la fachosphère, la gauchosphère, la russosphère représentent 90 % des mouvements sur Internet. (…) Ce mouvement [sur Internet] est fabriqué par des groupes qui manipulent, et deux jours après, ça devient un sujet dans la presse quotidienne nationale et dans les hebdos. »

Le Point, 2 février 2019.

« Nous sommes confrontés collectivement à une lutte, celle contre les fausses informations, les *fake news.* »

Vœux à la presse, 15 janvier 2020.

« Cette montée des fausses nouvelles est aujourd'hui totalement jumelle de cette fascination illibérale que j'évoquais, car elle est bien souvent financée par les mêmes, elle est bien souvent utilisée par des puissances qui s'amusent en quelque sorte des faiblesses de la démocratie, de son ouverture extrême, de son incapacité à trier, à hiérarchiser, à reconnaître au fond une forme d'autorité. »

Vœux à la presse, 3 janvier 2017.

« [Trump] veut durcir les choses avec l'Iran, c'est ce qu'il a déclaré vendredi. Moi, je lui ai expliqué que c'était à mes yeux une mauvaise méthode. »

TF1, 15 octobre 2017.

RF
Soulcié

11.

« Qu'ils viennent me chercher. »

Montrer ses muscles, rappeler qui est le chef, si nécessaire menacer. Attitude à réserver exceptionnellement au chef d'état-major des armées, et prioritairement aux ouvriers, aux manifestants, aux jeunes impertinents et à certains journalistes.

« Vous n'allez pas me faire peur avec votre T-shirt. La meilleure façon de se payer un costard, c'est de travailler. »

Lors d'un déplacement à Lunel, dans l'Hérault, 27 mai 2016.

« Je fais toujours la même chose, je vais au contact, je ne reste pas calfeutré dans une voiture qui m'amène dans une usine où tout est préparé. »

RTL, 5 mai 2017.

« Il y en a beaucoup qui ont essayé de m'intimider. Comme dirait Michel Audiard, il y en a qui ont essayé, ils ont eu des problèmes[17]. »

RFI, 6 avril 2017.

« Je ne céderais rien ni aux fainéants ni aux cyniques. »

Sur la réforme du droit du travail, lors d'une visite officielle à Athènes, 8 septembre 2017.

« Il faut maintenant dire que lorsqu'on va dans des manifestations violentes, on est complice du pire. »

Sur les Gilets jaunes, 26 février 2019.

« Tu m'appelles monsieur le président de la République, ou monsieur. D'accord ? Et tu fais les choses dans le bon ordre. Le jour où tu veux faire la révolution, tu apprends d'abord à avoir un diplôme et à te nourrir toi-même, d'accord ? Et à ce moment-là, tu iras donner des leçons aux autres. »

À un collégien qui l'avait appelé « Manu », 18 juin 2018.

« Mais vous n'avez jamais connu la colonisation ! Qu'est-ce que vous venez m'embrouiller avec ça ? »

À un Algérien âgé de 25 ans qui l'interpellait lors d'une conférence de presse à Alger, 6 décembre 2017.

« On ne tutoie pas un ministre, on ne l'invective pas. »

Lors d'un déplacement à Valenciennes,
31 mai 2016.

« J'ai pris des engagements, je suis votre chef. Les engagements que je prends devant nos concitoyens et devant les armées, je sais les tenir et je n'ai à cet égard besoin de nulle pression et de nul commentaire. (...) J'aime le sens de la réserve qui a tenu nos armées où elles sont aujourd'hui, et ce que j'ai parfois du mal à considérer dans certains secteurs, je l'admets encore moins lorsqu'il s'agit des armées. »

Devant la communauté militaire,
13 juillet 2017.

« Il y a un temps pour la délibération, un temps pour la décision, ils ne peuvent se confondre. Cela n'a rien à voir avec l'autoritarisme, car j'assume aussi de ne pas décider trop vite, de réfléchir. (...) Mais il faut aussi faire attention à ce que le délibératif ne devienne pas de l'indéterminé. Le délibératif est une phase transitoire, il n'est pas le préalable au nihilisme. »

« L'histoire redevient tragique. Une rencontre avec Emmanuel Macron », *NRF*, 3 mai 2018.

« Ce que vous avez fait là (...) est irresponsable. Irresponsable pour la France, irresponsable pour les intéressés ici, et grave d'un point de vue déontologique. Vous m'avez toujours entendu défendre les journalistes. Je le ferai toujours. Mais je vous parle avec franchise. Ce que vous avez fait est grave, non professionnel et mesquin. »

À un journaliste du *Figaro*, lors d'un déplacement au Liban, 2 septembre 2020.

« Écoutez, soit vous n'avez pas du tout écouté ce que j'ai dit, soit votre question était déjà prête et vous vouliez me la poser. »

À un journaliste à Alger, 6 décembre 2017.

ON RENTRE
À L'ÉLYSÉE
TOUT DE
SUITE !
POLICE
POLICE
POLICE
POLICE
POLICE
POLICE
Soulcié

« Aussi longtemps que vous passerez plus d'énergie à expliquer que je suis le candidat de l'oligarchie financière, que je suis un ancien banquier uniquement, et rien d'autre (…), eh bien, en effet, vous continuerez à faire le lit du Front national, cher ami. »

À un journaliste de *Mediapart*, 2 mars 2017.

« Alors… cher ami… Soit je viens pendant une demi-heure de perdre mon temps, soit vous avez un problème d'audition majeur, soit vous n'avez pas compris que je viens de m'engager. »

À un journaliste lors d'un déplacement en Guyane, 27 octobre 2019.

« Vous savez, les insinuations dans la vie, ce n'est pas une bonne chose. (…) Vous êtes des intervieweurs, je suis président de la République. »

À Jean-Jacques Bourdin et Edwy Plenel, 15 avril 2018.

« On ne peut pas être chef par beau temps et se soustraire lorsque le temps est difficile. S'ils veulent un responsable, il est devant vous. Qu'ils viennent le chercher. »

À propos de l'affaire Benalla,
24 juillet 2018.

Deux ouvrages nous ont ouvert la voie pour cette anthologie :

Cécile Alduy, *Ce qu'ils disent vraiment. Les politiques pris aux mots,* Seuil, 2017.

Adrien Gaboulaud et Anne-Sophie Lechevallier, *Le Poids des mots du président,* L'Observatoire, 2018.

Notes

1. Laurent Jeanpierre, *In Girum. Les leçons politiques des ronds-points*, Paris, La Découverte, 2019.

2. Rencontre informelle entre le ministre de l'Économie et ses « amis » Facebook en juillet 2015. Propos cité par Marc Endeweld, in *L'Ambigu Monsieur Macron. Enquête sur un ministre qui dérange*, Paris, Flammarion, 2015.

3. Emmanuel Macron, *Révolution*, Paris, XO éditions, 2016.

4. Emmanuel Macron, « La lumière blanche du passé. Lecture de *La Mémoire, l'histoire, l'oubli* », *Esprit*, août 2000.

5. *L'Opinion*, 25 juin 2020.

6. Au point d'en faire un concept et de s'autociter, comme il le fit à Davos en parlant du « famous "en même temps" ».

7. Grégoire Chamayou, *La Société ingouvernable. Généalogie du libéralisme autoritaire*, Paris, La Fabrique, 2018.

8. « Je me suis toujours placé entre les mains du destin. Il faut se rendre disponible à sa destinée. »

9. « Les labyrinthes du politique » (2011) et « La lumière blanche du passé. Lecture de *La Mémoire, l'histoire, l'oubli* » (2000) sont deux articles signés par Emmanuel Macron dans la revue *Esprit*.

10. Emprunt à l'écrivain Georges Bernanos dont la phrase exacte était : « L'espérance est un risque à courir, c'est même le risque des risques. »

11. *Ainsi soit Macron*, documentaire réalisé par Pierre Hurel.

12. Propos cités par Adrien Gaboulaud et Anne-Sophie Le Chevallier, in *Le Poids des mots du président*, Paris, L'Observatoire, 2018.

13. *En marche vers l'Élysée*, documentaire réalisé par Bertrand Delais.

14. *Ibid.*

15. *Macron président, la fin de l'innocence*, documentaire réalisé par Bertrand Delais.

16. « Je veux que la France soit une "nation start up", c'est-à-dire une nation qui travaille à la fois avec et pour les start up, mais aussi une nation qui pense et agit comme une start up. »

17. En réalité une phrase non du célèbre dialoguiste des *Tontons flingueurs*, mais du duo comique Chevallier et Laspalès.

Table

Préface 9
1. « Il faut être disponible à sa destinée. » 23
2. « J'ai la tête d'un moule ? Vous trouvez ? » 41
3. « Appeler un chat un chat. » 51
4. « Pardonnez si c'est en latin. » 69
5. « La démocratie est le système le plus *bottom up* de la terre. » 83
6. « The famous "en même temps". » 99
7. « Il faut choisir un chemin et s'y tenir. » 115
8. « Jean Jaurès était un défenseur de l'entrepreneur. » 131
9. « Il n'y a pas d'autre choix. » 145
10. « Il faut expliquer au peuple français où on va. » 155
11. « Qu'ils viennent me chercher. » 175
Bibliographie 185
Notes 187

OUVRAGES DE JOSEPH CONFAVREUX

La France invisible
(Codirection)
La Découverte, 2006

Le Fond de l'air est jaune
(Coordination)
Seuil, 2019

Une décolonisation au présent.
Kanaky-Nouvelle-Calédonie : notre présent, notre avenir
La Découverte, 2020

OUVRAGES DE THIBAUT SOULCIÉ

Avec Renaud Dély

Macronarchie
2019, Glénat

Avec Jorge Bernstein

Basse-cour baston
2019, Rouquemoute

Homopoliticus
Fluide glacial, 2020

Les Supères
Fluide glacial, 2020

MAQUETTE ET MISE EN PAGES : BRUNO RINGEVAL
IMPRESSION : NORMANDIE ROTO IMPRESSION S.A.S. À LONRAI
DÉPÔT LÉGAL : MARS 2021. N° 146408 (2100128)
IMPRIMÉ EN FRANCE